"Soy para Dios
lo que una ola al océano."

— Neale Donald Walsch

FE SIN RELIGIÓN

Una autobiografía sobre soltar la necesidad de saber

Timber Hawkeye

Fe Sin Religión.
Copyright © 2026 - Timber Hawkeye
Todos los derechos reservados.

Título original: Faithfully Religionless
Traducción: M.S.

Ninguna parte de este libro puede ser usada o reproducida de manera alguna sin la autorización por escrito del autor, excepto en los casos de citas breves incorporadas a artículos y reseñas críticas.
(CC BY-NC-ND)

Library of Congress Control Number: 2026902982

Timber Hawkeye diseñó la portada de este libro. Se inspiró en un tatuaje similar que lleva en su espalda y que simboliza la liberación, las alas de la libertad de la asociación o afiliación religiosa, del miedo y el juicio, y de la compulsiva "necesidad de saber."

Este libro está dedicado a ti.

La única cosa

de lo que estoy seguro

es que no sé nada

con seguridad.

Así que nunca discuto

con nadie sobre nada.

Escucho.

Trayecto de vida

1. Choque cultural 1
2. Resiliencia 13
3. Trucos mentales 19
4. Patrones de comportamiento 33
5. Chantaje emocional 43
6. Comportamiento aprendido 47
7. Cohesión 53
8. Figuras paternas 59
9. Transparencia 65
10. Consumo 67
11. Epifanía 71
12. Perspectiva 77
13. Instrumento de paz 85
14. Paraíso 91
15. Las mejores cosas en la vida 101
16. Efecto dominó 103
17. Compañerismo 113
18. Desapego 117
19. Soltar 119
20. Salto al abismo 123
21. Listo 129
22. Decisiones 133
23. Permitir 137

El pasado no me define,

me guía.

No soy víctima,

soy estudiante.

A partir de este momento,

yo elijo en quién me

voy a convertir.

— 1 —

CHOQUE CULTURAL

Era un sábado nublado por la mañana en San Francisco, primero de diciembre de 1990. Mis padres y mi hermana habían salido de casa y yo estaba solo leyendo en la mesa de la cocina. Alrededor de las diez de la mañana me di cuenta de que la familia que vivía al cruzar la calle estaba saliendo en su Jeep azul. El grupo de madre, padre y dos hijas regresó a casa pocas horas más tarde, pero ahora tenían un árbol muerto amarrado encima del carro.

Bueno, el árbol no estaba muerto exactamente, no es que se viera marrón y sin hojas, ni nada de eso; de hecho, estaba muy verde y tupido. Pero habían cortado el tronco con serrucho, así que no había manera de volverlo a plantar o revivir. Y, más extraño aún, los vecinos no lo cargaron por la reja del lado hacia su jardín trasero (donde uno esperaría que estuviera un árbol de metro y medio), ¡sino que lo arrastraron hacia arriba por la escalera en su camino hacia la sala! Abrieron las cortinas y acomodaron el árbol al lado de la ventana para que todos lo vieran. ¿Qué estaban haciendo?

Fascinado, bajé el libro y observé cómo procedían a envolver el árbol con luces y coronaban su punta con lo que parecía ser una muñeca Barbie. Como si se tratara de una broma perfectamente sincronizada, nuestros vecinos de al lado llegaron a su casa con un árbol idéntico en la parte trasera de su camioneta, y luego otro carro pasó por nuestra calle con un árbol similar sobresaliendo de su cajuela.

Nunca había escuchado sobre la Navidad porque, cinco meses antes de este fenómeno, mi familia y yo habíamos emigrado a Estados Unidos desde Israel, donde nací y fui criado hasta los primeros años de mi adolescencia.

Sin embargo, no sería justo decir que fui criado como judío. Mi familia nunca se mantuvo kosher (una práctica judía ancestral que, por ejemplo, no permite el consumo de lácteos y carne simultáneamente, además de que prohíbe ciertos platillos de mariscos, puerco y otros detalles menores) y tampoco celebramos ninguna de las festividades judías (es más, no celebrábamos ninguna festividad). Sólo asistíamos a la sinagoga una vez al año, e incluso eso era más por tradición social que por devoción. Y aunque yo había estudiado el Antiguo Testamento en la escuela, donde era tan obligatorio como la geografía y las matemáticas, fue más como una clase de historia que de cultura (con la excepción que no aprendimos nada sobre otras religiones). De acuerdo con la ley judía, el judaísmo es una religión que se te asigna al nacer (si tu madre es judía, entonces tú también lo eres, sin importar si lo reconoces o no).

En casa nunca se habló de Dios y la única vez que le pregunté a mi papá sobre las cuestionables historias bíblicas que estaba

Fe Sin Religión

aprendiendo en la escuela, él simplemente me dijo que no debía tomarlas muy en serio.

Como sea, una de las primeras cosas de las que me di cuenta cuando me mudé a Estados Unidos fue que la gente estaba significativamente más en contacto con su religión que cualquier persona que yo hubiera conocido en Israel.

Fue interesante observar a mis familiares en California aferrarse a su judaísmo como si fuera algo que los uniera, mientras yo sentía más curiosidad por explorar la diversidad a mi alrededor (sobre todo, después del incidente con el árbol navideño).

Había muchas religiones nuevas por descubrir y muy poco de lo que vi en un inicio tenía sentido. Resulta que los árboles navideños nada tienen que ver con Cristo y que, aunque la Pascua tiene que ver con la resurrección de Jesús, la festividad se enfoca sobre todo en el Conejo de Pascua, quien sólo tiene la apariencia de tierno y adorable, pero al parecer juzga a los niños como buenos o desobedientes. ¡Había tanto que aprender!

Comencé a pensar sobre mis propias creencias y filosofías, dónde y cómo se habían originado y si tenían algún mérito o validez. Me di cuenta de que, de alguna forma, yo había construido mi propio sistema de creencias, pero nunca me había dado el tiempo de cuestionarlo.

Resultó que algunas de mis propias creencias no tenían sentido: aún experimentaba una sensación de inquietud cuando por accidente se me caía el salero en un restaurante o si por la calle me encontraba con un gato negro. ¿Estoy condenado para siempre? ¿O se arreglaría todo si tiraba un poco de sal sobre mi hombro?

Todos somos criados para creer más supersticiones de lo que nos damos cuenta. Y a través de los años, las descartamos como poco más que folclor o las aceptamos como verdad, y entonces las llamamos creencias, no supersticiones.

Cuando somos niños, rara vez exigimos evidencia de nada de lo que nos enseñan. Como esponjas, tan sólo absorbemos todo. Por ejemplo, recuerdo a unos profesores decirle a un grupo de estudiantes en mi escuela que si alguien pasaba por encima de nosotros mientras estábamos sentados en el piso, nuestro crecimiento se vería afectado para siempre (a menos que, por supuesto, la persona diera un paso atrás de inmediato). Esta superstición era el esfuerzo aparentemente inocente de los maestros para evitar que alguien tropezara con los estudiantes que estaban sentados en los pasillos con las piernas extendidas, pero sigo cuestionando sus métodos, porque abusaban de nuestra vulnerabilidad e ingenuidad. Después de eso, no sólo nos sentábamos obedientemente con las piernas cruzadas, sino que también les advertíamos con fervor a todos los otros estudiantes del terrible destino que les esperaba si no tenían el cuidado de hacer lo mismo.

El concepto de asustar a la gente para que obedezca no es nuevo, por supuesto; es bíblico. Pero las tácticas de miedo subestiman enormemente nuestra inteligencia de razonamiento. Como presumió Albert Einstein: "Si las personas sólo son buenas

Fe Sin Religión

porque temen al castigo o porque esperan una recompensa, ¡sí que somos lamentables!"

Y luego, crecemos, pero las supersticiones no desaparecen. Un trébol de cuatro hojas es señal de buena suerte (igual que una pata de conejo o una herradura), pero Dios nos libre de abrir una sombrilla dentro de casa o de pasar por debajo de una escalera, ¿cierto? Si escuchas un zumbido en el oído izquierdo, al parecer se debe a que alguien está hablando mal de ti (mientras que lo opuesto es cierto con el oído derecho). Y si te pica la palma de la mano, supuestamente quiere decir que vas a recibir una gran suma de dinero de una fuente inesperada. Así que, adelante... ráscate esa palma por si las dudas, no es diferente a cuando tocas madera para evitar la mala suerte.

En algún momento, sin embargo, dejamos de creer que nos va a crecer una sandía en el estómago si por accidente nos tragamos una semilla (de la misma manera en que dejamos de creer en Santa Claus o el Ratón de los Dientes). Y, aun así, el ochenta y cinco por ciento de los rascacielos omiten el piso trece y nosotros seguimos pidiendo deseos al ver una estrella fugaz y al soplar las velas de cumpleaños.

Al proponerme entender qué creen las personas, por qué creemos lo que creemos y qué tanto de lo que creemos es realmente cierto, he aprendido que todas nuestras verdades (individuales o colectivas) dependen del tiempo, el lugar y las circunstancias.

Por ejemplo, el gato negro es un símbolo de prosperidad y buena suerte en Escocia y Japón, pero es un símbolo de mala suerte y hasta de muerte en la mayoría de las culturas europeas y occidentales. Lo que es verdad para una persona no lo es necesariamente para otra. Pero ¿y si el gato es tan sólo un gato (ni bueno ni malo) y nosotros tan sólo somos compulsivas Máquinas Inventoras-de-Creencias que asignan una razón a cualquier cosa que no entendemos?

Mi conclusión es que lo único que hace que algo sea cierto es nuestra elección de creer que lo es. Algunos podrían argumentar que algunas cosas, como la gravedad, son ciertas independientemente de si elegimos creer en ellas o no, pero incluso la gravedad está sujeta al tiempo, el lugar y las circunstancias: si nos alejamos lo suficiente del centro de la Tierra, o nos sumergimos en el agua, los efectos de la gravedad empiezan a cambiar.

Buscamos respuestas, elaboramos teorías y hasta inventamos cuentos, todo en un esfuerzo para explicar lo inexplicable. De hecho, tenemos tanto miedo de no saber la verdad que preferimos creer una mentira antes que vivir con la incomodidad de lo desconocido.

No obstante, la intención de este libro no es desmentir las creencias de nadie, te lo aseguro. En realidad, me regocijo en la belleza del misterio, porque se puede obtener una gran calma y paz interior cuando soltamos nuestra necesidad compulsiva de saber.

No me considero escéptico, ni afirmo que el mundo esté lleno de mentiras. Al contrario, creo que el mundo está lleno de verdades.

Fe Sin Religión

Tanto si es la astrología, el romance, el destino, Cristo, Mahoma, el judaísmo, la anarquía, el cielo o cualquier otro cuento o teoría que hayamos escuchado, lo que los hace verdad es nuestra elección de creer que lo son. Y en su mayor parte, eso está bien.

Todo es un sistema de creencias (sea antiguo o nuevo, dogmático o de otro tipo). Las creencias están basadas en elecciones personales y experiencias, a menudo fundamentadas en sentimientos subjetivos. Por ende, es inevitable que justo lo opuesto de tu verdad sea la verdad de otra persona, en otro lugar, dependiendo de su época, lugar o circunstancias.

Sin embargo, tener fe no consiste en saber algo con absoluta certeza, sino en estar bien (e incluso aliviado) ante el hecho de que algunas cosas no se pueden saber. Por ejemplo, cuando no sabíamos lo que causaba los truenos y los relámpagos, creíamos que Dios estaba expresando su ira y desaprobación. Pero eso no es fe, eso es culpar a otro.

No podemos saber por qué ocurren ciertas cosas, pero la fe en Dios reconoce que Dios trabaja en formas misteriosas por razones que están más allá de nuestra comprensión. Esto no se interpreta necesariamente en creer en una religión organizada, la Biblia o, mucho menos, la iglesia. Por cierto, utilizo la palabra "Dios" para abarcar todas las variaciones de misterio, sea el Universo, el Poder Superior, la Madre Naturaleza, el Padre Tiempo, la Energía, etc. Mi definición de Dios no evoca a un hombre blanco y barbudo que dispensa desde el cielo sus bendiciones por el buen comportamiento y sus juicios severos para condenar el mal. Esto es porque no creo que Dios haga eso; la religión lo hace.

Y como inteligentemente expresó Anne Lamott: "Puedes asumir con seguridad que has creado a Dios a tu imagen y semejanza si resulta que tu Dios odia a las mismas personas que tú."

Nuestros egos sensibles convierten nuestras opiniones en lo que frecuente y equivocadamente llamamos "hechos," aunque no estén basadas en los hechos en absoluto; sólo son reconfortantes. Y aquí es donde la discreción consciente se vuelve imprescindible para distinguir entre las creencias a las que el ego se aferra para validarse y las observaciones imparciales que se enfocan en lo que realmente está sucediendo (por más incómodas e inconvenientes que puedan ser).

Si tenemos suerte, encontramos algo en que creer que contribuye a nuestra felicidad general, salud, paz mental y sentido de propósito. No importa si sentimos una conexión profunda con un poder superior a través de la oración, la meditación, la naturaleza, el servicio, la congregación, el canto, el silencio, el movimiento, el arte, la enfermedad o incluso una experiencia cercana a la muerte; lo importante es que recordemos el momento de nuestra verdad (por única que sea para nosotros), que vivamos alineados con nuestros valores fundamentales (sean los que sean) y que permitamos a los otros explorar y sentir la divinidad en la forma que resuene más con cada uno (aunque sea por completo diferente a la nuestra, porque diferente no equivale a incorrecto).

Aun cuando considero que tener un sistema de creencias puede ser beneficioso, podría ser peligroso creer en algo sólo porque lo hemos oído un millón de veces o, todavía peor, porque nos lo hemos repetido nosotros mismos a lo largo de muchos años.

Fe Sin Religión

Al crecer, una de mis amigas más cercanas creía que nunca llegaría a ser nada, que no era atractiva y que era inevitable su fracaso definitivo en cualquier cosa que emprendiera. Por supuesto, nada de esto era cierto, pero debido a que su padre se lo había repetido desde su niñez hasta su pubertad, ella acabó —tal vez inevitablemente— aceptándolo como verdad. Incluso años después de que su padre ya no estaba, ella continuaba hablando sobre lo fracasada que era; no importaba cuántos amigos le dijeran que era encantadora y bonita, porque mientras ella no creyera que era cierto, no lo era (por lo menos, no para ella... y no lo fue por muchos años).

Entonces, ¿qué es cierto? ¿Lily es bonita o no? Bueno, técnicamente no es ni bonita ni fea, pero su experiencia en la vida está básicamente formada y muy influenciada por lo que ella elige creer (como nos pasa a muchos de nosotros). Podemos elegir creer que somos perfectos por naturaleza, talentosos, inteligentes, capaces, afortunados, bendecidos y dignos, o podemos elegir creer todo lo contrario. A Lily le tomó treinta y seis años cambiar lo que creía, pero ésa es la maravillosa noticia sobre la reevaluación de nuestro sistema de creencias: podemos aceptar una nueva verdad incluso después de décadas de creer lo opuesto. O, por supuesto, podemos elegir quedarnos estancados. De cualquier forma, debemos vivir con las consecuencias.

Para aceptar una nueva verdad, tenemos que estar dispuestos a soltar la anterior y es allí donde la mayoría de las personas tiene dificultades: ignorar u olvidar cualquier cosa que la sociedad ha considerado antes como bello, exitoso, sagrado o celestial, y redefinir quiénes somos de acuerdo con valores nuevos y mejorados.

Durante mis esfuerzos continuos de articular la belleza de la fe y explicar con delicadeza el peligro potencial de la religión organizada, he aprendido que mientras una persona tal vez considera que algo es crucial y absolutamente verdad, otra puede considerar que esa misma verdad sea completamente irrelevante. Y mientras que la espiritualidad nos ofrece la flexibilidad de estar bien con esa dicotomía, la religión organizada no sólo intenta dictar un sistema de creencias preempacado, como si fuera universalmente aplicable, sino que además lo hace con una indiferencia tan inquebrantable hacia el tiempo, el lugar y las circunstancias que resulta desconsiderada en el mejor de los casos, y cruel o criminal en el peor. No me malinterpretes: la religión puede ser extremadamente reconfortante, pero tener fe en Dios (cualquier Dios) y poner la fe en la religión organizada son dos cosas muy diferentes.

Para decirlo de otra manera: la fe es una práctica espiritual que implica soltar continuamente la certidumbre, el ego y la necesidad subyacente de saber. La religión, en contraparte, implica aferrarse de forma tradicional y ceremonial a dogmas concretos, rigidez obstinada y rituales eternos. Una está basada en el amor, liberador y gratuito, mientras que la otra está basada en el miedo, es confinada y restrictiva. Como dijo Robert Oxton Bolton: "Una creencia no es tan sólo una idea que la mente posee, es una idea que posee la mente."

Fe Sin Religión

Existe peligro en aceptar algo ciegamente como verdad sólo por el bien de creer en algo: para empezar, desaprender una idea es significativamente más difícil que aprender una. Tal como dijo Rumi: "El arte del conocimiento es saber qué ignorar." Mientras más nos aferramos a nuestras creencias, más difícil se nos hará soltarlas (incluso cuando se nos presente evidencia de lo contrario).

La belleza de encontrar nuestra propia verdad es que no hay necesidad de convencer a otros de ella, ni razón alguna para invalidar la realidad de otro a fin de validar la nuestra. Por ejemplo, si alguien me dijera que el cielo es verde y yo creo que es azul, no veo la necesidad de decirle que está equivocado, ni de sentirme superior al hacerlo sentir inferior. Simplemente me alejo de esa experiencia con el nuevo descubrimiento de que, para algunas personas, el cielo se ve verde… y eso está bien. Tal vez esa persona es daltónica, tal vez vio una Aurora Boreal o el cielo antes de una tormenta. Sin importar sus razones, el azul de mi cielo no se ve amenazado ni comprometido por el verde que alguien más percibe.

Cualquier necesidad que alguien sienta por imponer sus opiniones sobre los otros está impulsada por el ego o es el resultado de sus propias inseguridades. En la Autobiografía de un Yogui, de Yogananda, esto se conoce como "sentirte superior al cortarle la cabeza a otros." Sin duda, existe una manera más saludable para estimular la confianza en uno mismo sin tratar de destruir la del otro (por lo menos, eso fue lo que me enseñó mi papá).

Sin proponérselo siquiera, sólo a través de su honestidad continua y su mente abierta con respecto a la religión y la política, mi padre me crio para entender que no existe absolutamente ningún daño en escuchar lo que cualquiera tenga que decir, pero tomando todo con cautela. Y al formar y expresar sus propias opiniones (a menudo diferentes de las normas sociales), él me animó a perseguir mi curiosidad a fin de que lograra llegar a mis propias conclusiones. ¿No es gracioso cómo podemos aprender mucho más al observar el comportamiento de nuestros padres que de cualquier cosa que ellos realmente traten de enseñarnos? Me encantaría que a todos los niños se les enseñara CÓMO pensar, en lugar de QUÉ pensar.

Cuando le digo a la gente que no tengo religión, automáticamente asumen que no creo en Dios, pero nada más lejos de la verdad. Considera este libro mi tren personal de pensamiento, con paradas al azar a través del camino y reflexiones de mi propio viaje desde tener una "religión sin fe" hasta alcanzar a "tener fe sin religión." No estoy en contra de ninguna religión; simplemente, no tengo una, ni creo que la necesitamos para ser éticos.

Como lo resumió magníficamente Gerry Spence: "Es mejor tener una mente abierta para el asombro que tener una mente cerrada por la creencia."

Tú decides por cuánto tiempo vas a permitir

que te persiga lo que te lastimó.

— 2 —

RESILIENCIA

El Israel que veo representado en los medios de comunicación no se parece en nada a aquel en el que yo crecí. Nací y fui criado en un pueblo muy pequeño en los Altos del Golán (en el norte del país), donde todos eran blancos, judíos e idénticos a mí. A pesar de lo que las imágenes en la televisión quizá te hagan creer, yo no esquivaba balas en mi camino a la escuela y la palabra "árabe" no era sinónimo de "enemigo," sino un adjetivo para describir comida deliciosa y buena música.

De hecho, a pesar de que visitábamos con frecuencia Tel Aviv, donde vivía mi abuela (tres horas hacia el sur de mi pueblo natal), no conocí a ningún árabe hasta que me mudé a Estados Unidos, a principios de los noventa. No vivíamos en el desierto y no íbamos a la escuela montados sobre un camello (aunque ahora que lo pienso, suena divertido).

La calle principal que atravesaba mi pueblo natal tenía una hilera de palmeras por el centro y árboles de olivo a los costados. Todavía recuerdo a mi padre mandándome con una cubeta grande para pizcar aceitunas verdes, que él después curtía en salmuera por unos meses. La gente caminaba por las calles a todas horas, de día y de noche. Nunca tuvimos un toque de queda y jamás cerramos con llave nuestra puerta de enfrente, porque no teníamos nada que temer.

Cuando les digo a los estadounidenses que teníamos nuestras fiestas escolares en los búnkeres subterráneos ubicados por toda la ciudad, suena extraño y absurdo, tal vez incluso aterrador. Pero al crecer allí y nunca haber tenido que usar esos refugios para ningún otro propósito que no fuera colgar una esfera de discoteca y bailar con la música de Cyndi Lauper, Madonna y Michael Jackson, el espacio no tenía nada aterrador; fue en uno de estos refugios donde por primera vez le tomé la mano a una chica y practiqué mis primeros besos.

Como la mayoría de los chicos europeos de los ochenta, crecimos jugando pelota afuera cuando el clima era agradable. Y cuando no era así, jugábamos videojuegos en la Commodore 64. En la televisión veíamos alguno de los tres canales que estaban disponibles en Israel en aquel tiempo: una estación del norte de Líbano, que transmitía programas como Dinastía (una serie estadounidense); otra estación del este de Jordania, que transmitía Los Pitufos (que eran belgas, pero hablaban árabe con subtítulos en hebreo para que pudiéramos entender lo que decían), y, por supuesto, una estación local israelí donde veíamos Plaza Sésamo, con la actuación de Kippi Ben Kipod (un puercoespín enorme) en el lugar de Big Bird (no preguntes por qué).

El canal israelí transmitía las noticias y los acontecimientos actuales cada hora. Y no quiero sonar frío ni insensible, pero en las raras ocasiones en que salía una noticia de última hora sobre un terrorista bombardeando un autobús en alguna de las ciudades principales, la vida no se detenía; la gente tan sólo se subía al siguiente autobús o decidía caminar. Verás, a pesar de estar rodeado por actos de terrorismo, nos rehusábamos a ser aterrorizados. En esencia, crecimos aprendiendo que es mejor aceptar las realidades dolorosas, porque nuestra reacción ante los acontecimientos a menudo puede ser más dañina que los acontecimientos mismos.

En el Budismo, esta resiliencia se resume en la frase: "El dolor es inevitable, pero el sufrimiento es opcional." Sea que estemos hablando sobre el dolor que conlleva la vejez, la enfermedad, la muerte o cualquier tipo de pérdida o trauma, el dolor en sí mismo es inevitable, pero nuestro sufrimiento prolongado derivado de ese dolor es por completo opcional (es la única parte de la ecuación que en realidad podemos controlar cuando aprendemos a mantener nuestra paz mental).

Exponerme a este nivel de autocontrol desde una edad muy temprana ha jugado un papel tremendo en la formación de mi visión de la vida. Si los israelíes y palestinos pueden elegir no estar aterrorizados al enfrentarse al terror, entonces nuestro problema en el día a día de nuestras vidas no son las personas que nos irritan, por ejemplo, sino el hecho de que nosotros seamos tan susceptibles a la irritación. Y como no podemos controlar lo que otros hacen, la única cosa en la que sí podemos trabajar es en mantener nuestra paz interior al enfrentarnos al conflicto externo.

Esta perspectiva me ha dado la capacidad de no estresarme ni frustrarme, aun en medio de situaciones frustrantes y estresantes. Todos nos enfrentamos a realidades duras en la vida, pero lo podemos hacer sin permitir que la gravedad de las situaciones perturbe nuestra serenidad.

Esto me recuerda cuando un miembro de la audiencia le preguntó al Dalai Lama por qué no había contraatacado a los chinos. Él se limitó a sonreír y respondió: "Claro que la mente puede racionalizar el contraataque, pero el corazón jamás lo entendería. Entonces, estarías dividido entre tu corazón y tu mente, y la guerra se encontraría dentro de ti."

Aun con los ocasionales ataques que se veían en las noticias, crecer en Israel no era tan diferente a la vida aquí, en Estados Unidos, donde la violencia es en realidad mucho más frecuente, con todos los tiroteos en las preparatorias, los incendios de iglesias y los disturbios. Se podría decir que los residentes del Medio Oriente están mejor preparados para lidiar con la tragedia sin quedar traumatizados precisamente gracias a todos esos años de resiliencia.

Tal como el agua del océano no hunde un barco a menos que entre en él, la negatividad del mundo no me puede hundir a menos que yo permita que entre en mí. Esto no se debe confundir con tapar el sol con un dedo para así evitar ver las injusticias del mundo; en realidad, mis ojos están bien abiertos, razón por la cual también puedo ver toda la belleza en el mundo (no estoy cegado por el velo de la fatalidad).

Fe Sin Religión

Así que, a pesar de despertar todos los días y escuchar al presentador del noticiero de la radio detallar cuántos delitos se habían cometido la noche anterior, seguía saliendo para ir a la escuela, mis padres se iban a sus trabajos (papá era mecánico, mamá era profesora de kínder), y nuestra rutina diaria no se interrumpía, siempre y cuando no lo permitiéramos.

Mi papá había estado arreglando carros desde sus catorce años. Odiaba su trabajo y me decía que si yo alguna vez consideraba seguir sus pasos, él me cortaría los dos brazos para asegurarse de que no pudiera hacerlo. No hace falta decir que, a pesar de lo impresionado que estoy hoy en día del exquisito diseño de los carros y su tecnología, no tengo ni idea de lo que sucede debajo del cofre, y mi papá no cabe de felicidad.

Seis años antes de mudarnos de Israel a Estados Unidos, se abrió una fábrica única en nuestro pequeño pueblo. Envasaba leche de vaca pasteurizada en cartones similares a los que ahora vemos para la leche de almendras, soya o arroz, que no necesitaba refrigerarse hasta que se abriera (un producto que todavía está disponible en Europa, pero no en Estados Unidos). Fue entonces cuando mi papá tuvo su racha de buena suerte y dejó de ser mecánico de carro para empezar a trabajar en la fábrica.

Me llevaba al trabajo con él con frecuencia, para que conociera a sus compañeros de trabajo, para que fuera testigo de la magia de la producción en cadena y para que lo viera sonreír (algo que nunca hacía en el taller de carros y que pocas veces hacía en casa).

Timber Hawkeye

El horario de trabajo de mi papá hacía que se fuera a la fábrica cada mañana antes de que yo despertara y regresara después de que ya me había acostado, así que pocas veces pasamos tiempo de calidad juntos. Durante los raros momentos en que sí lo hacíamos, yo me aferraba a cada palabra de sabiduría que él impartía y aprendía todavía más al observarlo interactuar con los demás.

Él estaba en sus treinta y tantos años cuando nos mudamos a Estados Unidos, y su incapacidad para hablar inglés no le impidió encontrar trabajo, dado que dominaba el lenguaje universal de los motores de carros. A regañadientes, obtuvo trabajo en un taller tras otro, hasta que por fin pudo administrar su propio taller, cuando cumplió cincuenta años. Esto no hizo que le gustara más trabajar con los carros, pero, como copropietario, al menos podía delegar a los empleados más jóvenes los aspectos más físicamente exigentes del trabajo.

Una cosa era que odiara su trabajo cuando era joven, pero tener la suerte de no hacerlo por los seis años que trabajó en la fábrica y luego tener que volver a la misma profesión que había jurado abandonar fue aún más difícil. Cualquier indicio de brillo en los ojos de mi papá desapareció por completo, impartiendo una lección valiosa: nada vale la pena si no eres feliz.

— 3 —

TRUCOS MENTALES

Mis padres me llevaron a un acuario cuando yo era muy pequeño, o eso es lo que ellos me cuentan, por lo menos. Yo no recuerdo el paseo, así que ¿cómo puedo estar seguro de que en verdad pasó? Si mis padres me han mentido sobre otras cosas en el pasado (y lo han hecho), entonces no hay manera de que yo pueda saber si el paseo al acuario fue real o un invento.

A pesar de esta incertidumbre, mi paz mental proviene de soltar la necesidad de saberlo. No es que no me importe (la indiferencia es cruel). Sencillamente he aceptado que, entre otras cosas en la vida, esto seguirá siendo un misterio para siempre, y estoy perfectamente bien con eso.

"¡No creas todo lo que piensas!" es tal vez el mejor consejo que he recibido. Nuestros pensamientos casi nunca son en verdad nuestros; están moldeados por las personas que nos rodean, por los acontecimientos actuales y por nuestra exposición a los medios de comunicación. Aun cuando pensamos en algo por nosotros mismos (o pensamos que pensamos), es importante recordar que, de manera extraña, nuestra mente es capaz de creer casi cualquier cosa para evitar el conflicto interno y la disonancia.

Timber Hawkeye

Si le relatas a alguien un buen cuento, lo va a creer. El cuento no tiene que ser verdad para ser creíble; tan sólo tiene que ser lo suficientemente bueno. Y lo mismo ocurre con los cuentos que nos contamos a nosotros mismos.

Al, convenientemente, pasar por alto aquello que podría tener un obvio efecto disuasorio, nos convencemos una y otra vez de creer que algo es una "buena idea." Así sea que nos convenzamos de que es una decisión inteligente comprar un carro que claramente está fuera de nuestro alcance, o de salir con alguien que tiene la palabra "problemático" escrita en la frente tan sólo porque es atractivo, básicamente nos engañamos de manera regular, motivo por el cual es mejor no creer todo lo que pensamos.

Entonces, ¿qué nos queda? Si debemos tomar con pinzas lo que otras personas nos dicen (incluidos los libros que leemos y las noticias que oímos), y tampoco podemos confiar en nuestros propios pensamientos, entonces, ¿en qué podemos creer? ¿En nuestros sentimientos? ¡Por supuesto que no! Los sentimientos son válidos, pero no son hechos. Además, cambian en un abrir y cerrar de ojos, y con frecuencia pueden estar rotundamente equivocados. Por ejemplo, muy a menudo he sentido que alguien estaba enojado conmigo, y luego resultó que no era así. Me he sentido con sobrepeso cuando en realidad no lo estaba, y todavía siento en ocasiones que soy incompetente para hacer algo hasta el momento en que lo hago. Si debemos tomar con pinzas la mitad de los pensamientos, ¡tendríamos que usar palillos chinos para los sentimientos!

Fe Sin Religión

Por ende, cuando nos sintamos insuficientes, es mejor agarrarnos en nuestra mentira y aclarar las cosas: en realidad, somos competentes, fuertes, bellos e increíblemente bendecidos. Cualquier reflexión negativa que quede es autoría de un trol en nuestra propia mente que no tiene nada mejor que hacer que atormentarnos.

Dado que no podemos confiar en nuestros pensamientos y que aquello que otras personas nos dicen siempre está sesgado y que ni siquiera nuestros sentimientos son hechos, lo único en lo que podemos verdaderamente confiar es nuestra experiencia personal. Existe un antiguo proverbio chino que dice: "Oigo y olvido. Miro y recuerdo. Pero cuando hago, ¡entiendo!" Nunca tendremos que convencernos de algo que ya experimentamos de primera mano. El reto, sin embargo, radica en diferenciar entre nuestra experiencia real y los recuerdos, pensamientos, y/o sentimientos que tenemos sobre ella (porque la experiencia es lo único en que podemos confiar, y todo lo demás es cuestionable).

Esta línea de pensamiento sería todavía más fascinante si mis padres tuvieran una fotografía mía en el acuario, lo cual comprobaría que estuve allí, sin importar si recuerdo la experiencia o no. Entonces, sabría que sucedió, aunque no me haya impactado para nada (así haya sido porque era muy pequeño para formar recuerdos o porque, aunque estuve allí físicamente, mi mente estaba en otro lugar).

Así que... si podemos permanecer sin que nos afecte algo que en verdad sucedió, ¿podríamos también ser cambiados para siempre por algo que jamás sucedió? Sólo podemos concluir que nuestra experiencia de vida está moldeada de forma más significativa por lo que sucede en nuestras mentes que por lo que sucede con nuestros cuerpos.

Tengo una cicatriz en mi frente desde niño. Dependiendo de a quién le preguntes, podría ser el resultado de haber sido golpeado por mi mamá o de un inocente accidente cuando estábamos jugando. Mientras que una explicación es traumática, la otra es insignificante, pero ¿cuál es verdad? Si le preguntas a mi mamá, ella te dirá que estábamos jugando cuando resbalé por accidente y me caí; pero si me lo preguntas a mí, yo recuerdo que ella me estaba persiguiendo en medio de un ataque de ira para pegarme. Miré rápidamente hacia atrás para revisar por dónde venía ella y, al darme la media vuelta, ya tenía la pared frente a mí, me estrellé y me abrí la frente.

Cuando nos maltrataba físicamente, ¿estaba siendo la mejor madre que sabía ser (tal como habían sido su madre y su abuela, antes que ella)? ¿O estaba cometiendo un crimen? De lo cual ciertamente la habrían acusado si eso hubiera ocurrido aquí, en Estados Unidos.

Estoy más inclinado a creer que, de acuerdo con la verdad de mi madre, ella no estaba haciendo nada equivocado (¿quién fue el que dijo: "Nadie jamás hace nada malo dado su modelo del mundo?") Perdonarla no tiene nada que ver con estar de acuerdo con que fue correcto lo que hizo, sino tan sólo con aceptar que era lo correcto para ella. Así es como puedo perdonarla y, al mismo tiempo, mantener mi propia verdad sobre cómo obtuve esa cicatriz. Aunque sólo hay un hecho sobre cómo se hizo la herida, existen dos verdades distintas al respecto (la mía y la de ella). Los hechos y las verdades son cosas muy diferentes.

Fue mi profesor de astronomía de la universidad quien me ayudó a distinguir entre "verdad" y "hechos." La ciencia, explicaba él, es una búsqueda de hechos, no de la verdad. Se propone responder CÓMO las cosas llegaron a existir, por ejemplo, pero no se preocupa por el POR QUÉ.

Por su parte, la religión no sólo intenta contestar por qué las cosas llegaron a existir, sino que enseguida proclama sus respuestas como la "Verdad" —con V mayúscula, nada menos—, a menudo sin considerar para nada los hechos contradictorios.

Los científicos pueden —y por lo regular lo hacen— realizar nuevos descubrimientos que invalidan o completan información previa —aun si eso significa admitir que los descubrimientos previos tuvieron falta de visión. Esto es posible porque la ciencia no tiene un vínculo emocional con esa información.

Por desgracia, la religión organizada no permite que nuevos descubrimientos modifiquen o complementen afirmaciones previas. De hecho, ni siquiera creo que la religión PUEDA hacer algo así, porque jalar un solo hilo podría deshacer todo el entramado.

Es importante reevaluar constantemente nuestras creencias y, si es necesario, soltarlas. Lo que fue verdad ayer tal vez no lo sea hoy. Algunas viejas creencias ya no aplican a nuestro tiempo, lugar, o circunstancias actuales, y aferrarnos a ellas sería como conservar un par de zapatos viejos que ya no nos quedan.

Antes de que siga avanzando, es extremadamente importante para mí explicar la diferencia entre sentimientos y emociones. Muy rápido verás por qué acepto con los brazos abiertos el rango completo de sentimientos que experimentamos a lo largo del día, pero hablo mal de las emociones y su naturaleza destructiva.

En pocas palabras, un sentimiento dura entre cuarenta y cinco segundos y un minuto y medio. Eso es todo. Rara vez notamos el cambio, pero es perfectamente natural que nos encontremos por completo invadidos por cierto sentimiento durante un minuto y que, sólo unos minutos más tarde, experimentemos otro distinto (todo sin ser diagnosticados como bipolares).

Por ejemplo, alguien en la oficina dice algo que de verdad te molesta, pero en ese momento se escucha tu canción favorita en la radio y ya estás bailando en tu asiento. Te sientes alegre y aliviado cuando llegas a casa del trabajo, pero te vuelves a molestar cuando descubres que, otra vez, el perro se orinó en tu recámara. Brincamos de un sentimiento a otro, y ése es el curso natural de los sentimientos: surgen y se disipan de un momento a otro. Los sentimientos son como los pensamientos en nuestra mente, las nubes en el cielo o el tráfico en una calle transitada: van y vienen a la deriva en nuestro campo de conciencia, a veces de forma espontánea y otras veces aprendida, pero siempre fugaz.

Por su lado, las emociones son una carga completamente distinta. Son las historias que construimos en torno a un sentimiento sobre lo que sucedió, en lugar de lo que en verdad sucedió, y a menudo dramatizamos, exageramos y sacamos todo de proporción. Si en realidad existiera un camino a la felicidad, las emociones serían los baches sobre ese camino, por lo demás llano, hacia la euforia.

Muy inocentemente, las emociones empiezan como sentimientos honestos, pero después construimos una historia alrededor de ellos, lo cual constituye un salto momentáneo, pero enorme de decir un "Te amo" (un sentimiento, por ejemplo) a "No puedo vivir sin ti" (una emoción"). El primero es un sentimiento que puede hacerse más fuerte conforme pasa el tiempo (dado que podemos amar a alguien de nuevo en cada momento de cada día), y el otro es una mentira que nos contamos y que terminamos por creer a medida que pasa el tiempo.

Esto explica cómo y por qué las personas pueden quedarse enojadas con alguien por una o dos décadas, en lugar de sólo por un breve momento. El suceso desencadenante que en un inicio nos hizo enojar tuvo lugar en el pasado, y tal vez la persona que nos molestó ya ni siquiera forma parte de nuestra vida, pero mientras sigamos dándole vueltas a la experiencia, re-viviéndola esencialmente en nuestra mente y nuestro cuerpo, seguiremos experimentándola y jamás nos recuperaremos por completo. Al crear, revivir y repetir la historia elaborada que construimos alrededor del sentimiento inicial, mantenemos viva la emoción y ésta arde dentro de nosotros durante años. Se siente muy real, pero sólo es un recuerdo de un sentimiento que experimentamos tiempo atrás. Lo mejor es pensar que ese recuerdo de nuestro dolor es como una cicatriz que nos recordará por dónde hemos pasado, pero sin dictarnos hacia dónde vamos.

Timber Hawkeye

Sin embargo, si insistes en usar tus habilidades creativas para narrar cada situación de tu vida, entonces, ¿por qué no utilizar esa creatividad en tu beneficio? Por ejemplo, cuando alguien en un BMW se te cierra en la autopista y creas una historia en tu cabeza sobre cómo "todos los que conducen un BMW son idiotas," ya no estarás molesto en ese único momento, sino cada vez que veas un BMW en el futuro. Conocí a una mujer lista que me dijo que cada vez que alguien se le cerraba, ella sólo se decía a sí misma que estaban manejando tan rápido porque estaban a punto de orinarse. Claro, sigue siendo una historia, y no es más cierta que la otra, pero ésta es ligera, le ayuda a entender a la persona que se le cerró y ¡la mantiene de buen humor!

Nuestra tendencia a reaccionar emocionalmente (sea en la autopista, en la oficina o en casa) es un patrón habitual aprendido. Pero con suficiente práctica, podemos responder racionalmente (en lugar de seguir el hábito) al mundo a nuestro alrededor. Si la historia que te cuentas te pone de un humor en el que no quieres estar, sólo atrapa al narrador en acción y cambia la historia.

Hace unos años, durante un ejercicio guiado de meditación en grupo, se nos pidió que nos sentáramos cómodamente, cerráramos los ojos y recordáramos el momento más triste de nuestras vidas. Se nos invitó gradualmente a recordar quién estaba con nosotros en ese momento y qué ropa traíamos (así como los sonidos, olores y sensaciones de ese momento), todo con el fin de recordar el suceso con el mayor detalle posible. Ya fuera que evocáramos el recuerdo de la muerte de algún familiar, un reciente desengaño amoroso, un divorcio o la pérdida de una mascota, al observar al grupo desde el fondo de la habitación podías ver con claridad cómo la postura de todos se encorvaba lentamente, con los hombros caídos, y unas cuantas personas se mecían hacia delante y atrás mientras empezaban a llorar. Era como si no estuvieran sólo pensando en la experiencia sino pasando por ella otra vez.

Después, se nos pidió recordar un momento feliz de nuestras vidas (fuese el momento en que nos enamoramos, una fiesta de cumpleaños sorpresa, o cualquier otra cosa del pasado que nos hiciera sonreír).

A pesar de que seguíamos sentados en silencio con los ojos cerrados, el cambio en los pensamientos de las personas fue claramente visible desde el fondo de la habitación una vez más. En esta ocasión, la postura de todos se enderezó, se empezaron a ver sonrisas a través de las caras e incluso algunas personas empezaron a soltar risitas mientras el recuerdo tomaba forma en sus mentes.

Al igual que antes, era como si no sólo estuvieran revisitando el recuerdo, sino pasando por la experiencia en tiempo real. Durante ese ejercicio, en mi mente regresé a la playa en Hawái, encantado por el aroma de las plumerias y el sonido de las olas rompiendo. La imagen de familias locales reunidas alrededor de una parrilla tocando el ukelele trajo de inmediato una sonrisa a mi rostro. Ése es mi lugar feliz, un santuario que puedo revisitar en cualquier momento sin necesidad de un boleto de avión.

El poder detrás de ese ejercicio fue que nosotros teníamos el control total de cómo nos sentíamos. Lo voy a repetir: ¡nosotros teníamos el control total de cómo nos sentíamos!

Y resulta que, de hecho, nosotros decidimos cómo sentirnos en cualquier momento. Y, sin embargo, ¿cuántas veces a lo largo de nuestra vida hemos oído a alguien decir: "¡No puedo evitar sentirme así!" o, peor aún: "Tú me haces sentir?"

Si lo piensas bien, decir "Tú me haces sentir" es una locura. ¡Implica literalmente culpar a otro por tus propios pensamientos!

Tales declaraciones ("¡No puedo evitar sentirme así!" y "Tú me haces sentir ...") nos roban nuestro poder inherente y nuestra responsabilidad personal. Al momento en que pronunciamos estas palabras, nos convertimos en víctimas, fácilmente manipulables y controlables por los demás, en lugar de adultos maduros, responsables, calmados y serenos.

Las emociones (y la reactividad emocional) son la raíz de lo que mueve y aleja nuestra vida de donde en verdad queremos estar. La buena noticia es que no tenemos que ser esclavos de nuestras emociones; podemos tener control total sobre ellas (y, por ende, estar en armonía con nuestras vidas). La mala noticia es que hemos estado jugando a ser la víctima por tanto tiempo que tal vez resulte difícil recuperar el control. Sin embargo, por más difícil que pueda parecer, dedicar el tiempo y hacer el esfuerzo para aprender a controlar nuestras mentes es significativamente más fácil a la larga que vivir el resto de nuestras vidas como víctimas. Eso es seguro.

Por así decirlo, el villano aquí es el apego emocional que desarrollamos hacia las cosas, las personas y las creencias. El apego no es sólo extremadamente debilitante y restrictivo, sino también una tendencia peligrosamente dañina si no se controla. Amar y vivir sin apego es un arte perdido en la cultura occidental, a menudo criticado por ser menos apasionado, aunque en realidad es más intenso porque honra cada momento fugaz sin intentar alargarlo o enterrarlo. El desapego nos permite experimentar a fondo todo de manera incondicional, sin esas cosas que arruinan nuestra experiencia en el aquí y ahora: el temor, el arrepentimiento, la preocupación y el estrés.

No estoy sugiriendo que sea antinatural sentirnos tristes, enojados o rebosantes de alegría (en realidad, lo antinatural sería que no lo sintiéramos). Sólo cuestiono nuestro hábito de exteriorizar tristeza, enojo, frustración, etc., y si es beneficioso o perjudicial que lo hagamos. Por decir lo menos, ¡es agotador!

Eleanor Roosevelt dijo: "Nadie te puede hacer sentir inferior sin tu consentimiento." Y no sólo coincido con ella, también creo con firmeza que nadie puede hacernos sentir NADA sin nuestro consentimiento. En otras palabras, nadie te puede volver loco a menos que tú les des las llaves. ☺

El momento en que hacemos a alguien más responsable de nuestros sentimientos es el momento en el que elegimos ser la víctima. La meditación es beneficiosa porque ejercita nuestra capacidad de primero observar y luego controlar nuestros propios pensamientos. Y así desarrollamos la habilidad de ELEGIR ser feliz. Esta habilidad se representa hermosamente en el siguiente cuento:

El esposo de Carol murió después de una larga batalla contra el cáncer. El hijo de Carol no quería que ella viviera sola, así que la invitó a que se mudara con él a Europa y ella aceptó su invitación alegremente.

Durante el vuelo, él empezó a describir la casa y ella dijo de inmediato: "¡Me encanta!"

"Pero si ni siquiera la has visto," rio él, "¡sólo espera y verás!"

"¡Eso no importa!" respondió Carol. "La felicidad es algo que escoges por adelantado. Cuánto me guste la casa nada tiene que ver con la pintura exterior o con cómo acomodaste los muebles; tiene todo que ver con cómo yo elijo verla, y ¡ya decidí que me encanta!"

Piensa en todas las ocasiones en que te has predispuesto a que algo no te gustará incluso antes de probarlo, o cuántas veces has predicho tu propio fracaso antes de tu primer intento (si lo hay). Yo solía hacer eso todo el tiempo.

Recuerdo cómo me ofendía cada vez que sentía que me estaban imponiendo la religión, como aquella vez que salí con una enfermera que trabajaba en un hospital donde un crucifijo colgaba sobre cada cama. Yo decía cosas tan poco racionales como: "Aunque tenga un accidente de carro, ¡más te vale que no me traigas aquí!" Hubo un tiempo en el que odiaba extremadamente a los "Bible Pushers" pero eso fue antes de que empezara a pensar que no eran tan diferentes a los amigos que descubren un gran

Fe Sin Religión

restaurante y luego me dicen: "¡tienes que probarlo!" Esta gente encontró algo que les aporta una tremenda alegría o paz mental, y tan sólo quieren que yo lo experimente también. ¿Qué tiene eso de terrible? ¡En realidad, es bastante lindo!

Ahora me alegro por las personas y por la religión, cualquiera que ésta sea, que hayan encontrado. Un crucifijo no me resulta más ofensivo que cualquier otra obra de arte. Dar a mis opiniones "un día de descanso" es extremadamente liberador. Mi respuesta a la recomendación de alguien sobre una religión o un restaurante es ahora la misma: "¡Suena maravilloso! Lo investigaré. Gracias."

¡Aprender a controlar nuestra mente es increíble! Cuando alguien me dice algo ofensivo, puedo escoger no estar ofendido. De hecho, puedo escoger ni siquiera estar enojado, temeroso, inseguro o cualquier otra cosa que no quiera sentir.

Son nuestros pensamientos sobre una situación, no la situación misma, los que crean nuestra experiencia y nuestro recuerdo sobre ella. O, como señala Harold Pinter: "El pasado es lo que tú recuerdas, lo que imaginas que recuerdas, lo que te convences de que recuerdas o lo que finges que recuerdas."

Cuidarte es una declaración

de que ves tu propio valor y mérito.

No cuidarte

expresa exactamente lo opuesto.

— 4 —

PATRONES DE COMPORTAMIENTO

Toma un pedazo de papel y dóblalo por la mitad (no exactamente por la mitad, pero casi).

Ahora, ábrelo y vuélvelo a doblar. El papel se dobla naturalmente en el pliegue que ya habías hecho antes, ¿verdad?

Nuestros hábitos en la vida funcionan justo de esa manera: sin pensar, repetimos los mismos patrones de comportamiento una vez tras otra. Por eso, para cambiar la forma en que habitualmente respondemos al mundo, debemos crear un nuevo pliegue, por decirlo así.

Ahora, vuelve a doblar el pedazo de papel por la mitad, pero esta vez sé preciso (dóblalo justo en el medio).

Mientras más veces hayas doblado el papel en el pliegue inicial, más difícil será doblarlo en el nuevo.

Sin embargo, si aplicamos la suficiente intención deliberada, podemos (y lo haremos) crear un nuevo patrón. Esto requiere atención plena para cada pensamiento que pensamos, cada palabra que pronunciamos y cada acción que emprendemos. Claro, es fácil caer en patrones viejos cuando apenas empiezas, pero debes ser constante, porque el nuevo comportamiento se sentirá más natural después de poco tiempo, ¡te lo prometo!

Como una cicatriz, el viejo doblez estará ahí siempre. Nos recordará cómo respondíamos a ciertas situaciones, pero ya no definirá quiénes somos.

La atención plena se ejercita cada vez que hacemos una sola cosa a la vez. Y a pesar de la glorificación corporativa de estar "ocupado," la atención plena se pierde por completo cuando hacemos muchas cosas al mismo tiempo. Si te estás cepillando los dientes mientras buscas la ropa que te vas a poner, entonces ni te estás cepillando los dientes ni escogiendo tu atuendo con atención plena. Lo mismo sucede cuando preparas el almuerzo y hablas al mismo tiempo por teléfono, cuando cenas mientras ves la tele o cuando en tu cabeza creas las listas de pendientes en lugar de tratar de dormirte. Si no has entrenado tu mente para que se mantenga enfocada en una sola cosa a la vez, entonces hará lo que le dé la gana cada vez que quiera, y tú no podrás "apagarla."

La atención plena es una práctica. Requiere mantener continuamente la mente enfocada hasta que logremos permanecer plenamente presentes y en total control de nuestros pensamientos, palabras y acciones (en lugar de reaccionar). Así es como podemos acabar con ese ciclo continuo de hacer aquello que contribuye a nuestra infelicidad y, en cambio, seguir nuestro camino hacia la alegría.

Fe Sin Religión

La forma en que la sociedad ha estado esforzándose por la felicidad es un modelo de comportamiento tan anticuado que en verdad necesitamos reevaluarlo. Siempre que me invitan a hablar en varias preparatorias a través de Estados Unidos, dibujo un muñeco de palitos en un extremo del pizarrón y en el otro extremo escribo la palabra "Felicidad." Invito a los jóvenes a que imaginen que ellos son el muñeco de palitos a la izquierda y luego les pregunto qué tendría que pasar para llegar a la Felicidad, que está a la derecha. Cada vez que mencionan que algo se tiene que lograr antes de ser feliz (como graduarse, ir a la universidad, ganar mucho dinero, casarse, comprar una casa, tener hijos, etc.), dibujo un bache sobre el camino hacia la felicidad, para representar lo que tendrían que superar para poder llegar ahí.

Como imaginarás, algunos baches son más profundos y resulta más difícil salir de ahí. Por ejemplo, si no puedes ser feliz hasta que te tomas tu taza de café por la mañana, entonces sólo es un bache pequeño sobre el camino, nada del otro mundo. Pero si piensas que la felicidad no se puede alcanzar hasta que tengas cierta cantidad de dinero en el banco o una vez que adelgaces, entonces, en esencia, estás pavimentando un camino muy difícil (a veces, imposible) hacia la felicidad. Y esto es especialmente cierto si lo estás haciendo para impresionar a otros, como tus padres o amigos.

Básicamente, estamos tomando la "Felicidad" —que está disponible para nosotros aquí y ahora— y empujándola lejos, hacia el futuro. En lugar de aceptar la felicidad como nuestro derecho natural, la hemos estado tratando como un premio por ciertos logros, como la graduación, un título universitario, un sueldo de seis cifras y cosas así. ¡El truco es disfrutar el viaje en sí mismo!

Les pregunto a los estudiantes si conocen a alguien que ya tenga casa, carrera, hijos y dinero, y si esa persona es feliz. Todos empiezan a reír porque ninguno ha visto que esa receta para la felicidad haya resultado y, aun así, están determinados a intentarlo. No sólo son jóvenes de la preparatoria quienes se sienten presionados a hacer esto; por todos lados, los adultos están tratando de buscar la felicidad al esforzarse por completar una lista interminable de pendientes en lugar de simplemente escoger la felicidad a pesar de lo que esté pasando.

Al contrario de lo que se suele creer, la felicidad no es algo que debamos perseguir. No tiene nada que ver con lo que está pasando a nuestro alrededor, pero todo que ver con lo que está pasando en el interior.

Así como nos sentimos tristes o felices durante la meditación guiada de la que hablé antes, en verdad podemos elegir cómo navegar internamente a través de cada situación externa en la vida. De nuevo, no estoy sugiriendo que embotellemos o ignoremos nuestros siempre cambiantes sentimientos, pero es importante recordar la distinción entre sentimientos y emociones. Esta distinción me ha ayudado mucho, y espero que te ayude a ti también.

Para poder librarnos de una carga emocional, necesitamos despedir a nuestro narrador interno o, al menos, dejar de tomarlo tan en serio. La mejor forma de hacer eso es estando muy consciente de cómo terminamos cualquier declaración "Soy."

En lugar de decir: "Soy enojón," intenta decir: "Estoy sintiendo enojo en este momento." Esta alternativa, más saludable, honra tanto al sentimiento como su naturaleza fugaz, sin el riesgo de que identifiques con algo tan temporal. Ciertos idiomas, como el español, por ejemplo, tienen esta distinción integrada: el verbo ser se refiere a tu estado permanente (como cuando dices de dónde eres), mientras que estar se utiliza para describir estados más temporales (como ira, alegría, tristeza o envidia). Los estudiantes que apenas están aprendiendo español a menudo usan la siguiente rima para recordar cuál de los dos verbos usar: "Para decir cómo te sientes o dónde estás / usa siempre el verbo estar." Para las personas que hablan en inglés, donde no existe esta distinción, es un buen hábito empezar a agregar las palabras "en este momento" al final de muchas oraciones.

Decir "Soy enojón" es extremadamente peligroso porque hace que el enojo forme parte de nuestra identidad, tal como cualquier palabra que pongamos al final de una oración que empiece con "Soy." Cuando decimos: "Soy enojón," estamos tomando un sentimiento pasajero para ponérnoslo como si fuera una chamarra, nos adueñamos de él: "¡Éste soy yo!" Y luego vemos al mundo desde el ángulo del enojo, lo cual cambia todo y lo empeora.

Sin embargo, el enojo no es algo malo en sí mismo (ningún sentimiento es "bueno" o "malo," dado que todos cumplen un propósito importante). Por ejemplo, cuando presenciamos una injusticia, nuestro enojo puede impulsarnos a actuar hacia crear un cambio positivo en el mundo, pero nos va mejor haciéndolo al promover lo que amamos, en lugar de atacar lo que odiamos.

Por ejemplo, no estoy en contra de Monsanto, estoy a favor de la comida orgánica. (¡Calma... sigue leyendo!) Tampoco estoy enojado con las personas que comen carne, tan sólo elijo una dieta basada en plantas. No estoy en contra de que hombres y mujeres se casen, pero no veo ninguna razón por la que dos mujeres o dos hombres no deberían casarse también. No pienso que las grandes corporaciones sean malas, sólo trato de apoyar los negocios locales cuando puedo. Así de sencillo. En lugar de atacar lo que odio, promuevo lo que amo (es mejor para mi salud).

No todos somos activistas en el sentido revoltoso de la palabra, pero todos votamos con nuestras carteras; decidimos cuáles compañías pueden seguir en el negocio y cuáles no. Los supermercados en Hawái van a seguir vendiendo mangos importados desde Ecuador (aunque los mangos crecen en las islas), mientras la gente en Hawái siga comprando mangos de Ecuador. No hay nada inherentemente "malo" en esto... simplemente es lo que es. Todos tenemos la responsabilidad personal de averiguar qué prácticas de negocio apoyamos y cuáles ignorar. Por ejemplo, si estás en contra del maltrato animal, pero tienes asientos de piel en tu carro o usas maquillaje que ha sido probado en animales, entonces no estás viviendo en línea con tus valores.

Algunos dicen que la ira es un buen motivador para "hacer lo correcto," pero yo creo que la compasión es todavía mejor. Porque la ira nos puede cegar cuando estamos tan ocupados protestando en CONTRA de algo (y, por ende, dándole más energía y atención) que, en realidad, estamos perturbando la paz (no sólo a nuestro alrededor, sino por dentro). Tal como dijo la Madre Teresa: "Si me invitas a una junta anti-guerra, no iré. ¡Pero si me invitas a una junta pro-paz, ahí estaré!"

Si la ira nos alimenta, puede causar daños irreparables. Cuando mis padres se casaron, inventaron un nuevo apellido debido a una discusión entre mi mamá y los padres de mi papá sobre quién pagaría por la boda (o algo trivial por el estilo). Mamá no quiso tener nada que ver con la familia de mi padre ni, mucho menos, llevar su apellido. En un momento de ira, ambas partes hicieron comentarios severos que mamá decidió que eran imperdonables. Unos años después, cuando mi hermana y yo nacimos, jamás se nos permitió conocer a nadie del lado de la familia de mi papá.

Mi hermana se rebeló en su adolescencia y pasó algún tiempo con una de nuestras primas del lado paterno. La ira de mi madre de inmediato se redirigió hacia una nueva traidora: mi hermana. Y unos treinta y cinco años después, cuando regresé a Israel para conocer al hermano y la hermana de mi padre, así como a su moribunda madre y muchos primos lejanos, la ira de mi mamá una vez más fue redirigida, esta vez hacia mí.

Esa ira ya no es tan sólo un sentimiento, sino una emoción en estado avanzado. Es un cuento sobre un sentimiento que experimentó mucho tiempo atrás, pero ese cuento es tan veraz, válido y real para mi mamá hoy como lo fue en los setenta.

Timber Hawkeye

Lo que ninguno de mis padres se dio cuenta de que pasaría al inventar un nuevo apellido era que ese acto comunicaría una lección sencilla y falsa a un niño que en realidad no entendía qué estaba pasando; me enseñó que está perfectamente bien cortar a personas de tu vida si hacen algo que a ti no te gusta (aun si esas personas son parientes consanguíneos).

Resulta que yo no comprendía en absoluto la definición de la palabra "familia," y la confundía con la palabra "parientes." Tu "familia" no se conforma necesariamente por los parientes consanguíneos; son las personas en tu vida que quieren tenerte en la suya, quienes te aceptan tal como eres. Son los que harían cualquier cosa por verte sonreír y que te aman pase lo que pase. La sangre hace parientes, pero es la lealtad lo que hace una familia.

Todos hemos oído la frase: "La sangre es más espesa que el agua" y yo siempre asumí que significaba que la familia consanguínea es más importante que cualquiera que esté fuera de ese círculo. Sin embargo, hace poco descubrí el origen de esa frase: "La sangre del pacto es más espesa que el agua del vientre." ¡Literalmente, quiere decir lo opuesto de lo que siempre pensé!

Entonces, ¿cómo termina un niño de Israel teniendo como nombre Timber Hawkeye? Bueno... todos en mi preparatoria me llamaban "Timber," porque no podían pronunciar correctamente mi nombre de nacimiento israelí, y cuando se publicó mi primer diseño gráfico, a mediados de los noventa, la empresa que me contrató para diseñar su logotipo quiso darme el crédito con mi nombre completo. Me gustaba el apodo "Timber" y, como el apellido que mis padres inventaron no tenía ningún significado, solté abruptamente el primer nombre genial que me vino a la mente: "Hawkeye," que era el nombre de la calle donde vivía en ese momento. Me pareció que sonaba bien, así que poco tiempo después lo adopté legalmente y lo he llevado desde entonces.

Lo que había hecho sin querer al cambiarme el nombre fue soltar también el drama de mis padres, y se sintió maravilloso liberarme de eso. Después de todo, la madurez emocional significa no estar molesto hoy por algo que nos molestó ayer.

Nosotros mismos somos los que reforzamos los cuentos en nuestras cabezas, así que sólo nosotros podemos soltar esos cuentos. A menudo, la gente insiste en aferrarse a su ira hacia alguien, por ejemplo, porque, como ellos lo explican, esa gente "se lo merece." De lo que no logran darse cuenta es que su ira no está afectando a las personas con las que están enojadas, y que sólo es dañino para ellos mismos. Tras haber sido testigo de lo que le ha hecho a mi madre el quedarse enojada con alguien por más de treinta años, he decidido jamás guardarle rencor a nadie.

Tal como dice el antiguo dicho budista: "Aferrarse a la ira es como agarrar un carbón ardiente con la intención de lanzárselo a alguien; eres tú el único que resulta quemado."

Hasta que no cambies tu forma de pensar,

seguirás dando vueltas en círculo,

reciclando las mismas experiencias

una y otra vez.

— 5 —

CHANTAJE EMOCIONAL

"Yo te cargué en mi vientre por nueve meses. ¡Te parí!"

Éste era el mejor argumento de mi madre, o por lo menos el que usaba más a menudo, para explicar por qué debía amarla y respetarla como madre (porque ella me cargó en su vientre y me parió).

Yo quería decirle: "¡El día que nací fue el día en que tu responsabilidad como mi madre EMPEZÓ, no el día que terminó!" Claramente, teníamos definiciones muy diferentes de lo que implica ser madre, pero jamás me atreví a decirlo en voz alta.

Por lo que a mí respecta, el acto de embarazarse equivalía a solicitar un trabajo y parirme era como aceptar el trabajo. Sin embargo, para verdaderamente ser madre, ella debía maternar (un verbo, no sustantivo).

Ahora me doy cuenta de que su estilo de crianza jamás fue el problema. En realidad, ella hizo lo que pensaba que era mejor (dado su tiempo, entorno y circunstancias). Mis padres se conocieron cuando tenían quince años y se casaron a los dieciocho, ¡por el amor de Dios! El verdadero problema era la larga lista de expectativas que yo tenía para ella; eso fue lo que causó mi frustración y decepción.

Yo tenía una idea en mi cabeza de cómo "debía" ser una madre. No importaba qué tan seguido me golpeara siempre y cuando al final del día fuera a mi recámara para decirme esas palabras tan difíciles de pronunciar: "Lamento mi reacción desproporcionada." Pero nunca sucedió.

Como muchos chicos de mi edad, crecí viendo un programa de televisión llamado Who's the Boss? (¿Quién es el jefe?). Me encantaba que, sin importar lo que Alyssa Milano hubiera hecho para mortificar a su padre en algunos episodios, siempre tenían esa plática de disculpa al final. Yo sabía que sólo era un programa de televisión, pero ¿qué otra referencia tenía? Los chicos no hablaban entre ellos sobre lo que pasaba dentro de sus casas. Por eso pienso que es importante que nos abramos sobre ello, incluso ahora. De lo contrario, los chicos van a seguir sintiendo que son los únicos que están pasando por lo que sea que estén pasando, y ése nunca es el caso.

Si yo hubiera sabido cómo expresar y comunicar de manera clara mis necesidades como hijo, y si mi madre hubiera sabido escucharme en verdad, creo que habríamos evitado muchos años de enfados y frustraciones mutuas. Es triste que las escuelas sólo nos enseñen un idioma, pero no nos enseñen cómo comunicarnos.

Como adulto, tuve que perdonarme, perdonarla y luego seguir adelante. Alguien me preguntó hace poco cuánto tiempo me había tomado perdonarla; para ser honesto, en cuanto dejé de esperar que ella se disculpara, pude soltarlo.

A veces esperamos una disculpa de alguien que sentimos que de alguna forma nos "perjudicó." Pero ya que ahora sabemos que nadie nos puede "hacer sentir" nada y que podemos perdonar a las personas sin jamás haber recibido una disculpa (ellos ni siquiera necesitan lamentarlo), el acto de perdonar nos libera a nosotros, no a ellos. Es un regalo que te das a ti mismo.

Como puedes ver (y de seguro lo has experimentado de primera mano), tenemos mucho más control sobre nuestros estados emocionales y mentales de lo que creemos. Tal como Carlos Castaneda articuló de manera concisa: "Puedes hacerte feliz, o puedes hacerte desgraciado. ¡La cantidad de trabajo es la misma!"

Lo que permites

es lo que continuará.

Tú le enseñas a la gente

cómo tratarte.

No puedes amarte

si todavía sientes odio

o resentimiento

por las experiencias

que te moldearon

(sí, todas ellas).

— 6 —

COMPORTAMIENTO APRENDIDO

A los diez años ya conocía bien el Antiguo Testamento. Jamás olvidaré una ocasión en que entré en una sinagoga con mi papá y me quedé paralizado en cuanto las puertas dobles se abrieron. Yo "vi" un enorme cerebro flotando en el centro de la sala, con mangueras saliendo de él, enchufadas a la cabeza de todos los presentes.

Era Yom Kippur (el día de la expiación), y yo sentía que era incorrecto que todos usaran la misma oración para disculparse con Dios por sus pecados de todo el año, cuando lo único que yo quería hacer era tener una conversación personal con Él. Quería expresar mi profundo aprecio por su comprensión incondicional y su perdón, no llorar ni implorar por su misericordia (lo cual me parecía tan innecesariamente cruel como ayunar por veinticuatro horas). Sólo tenía diez años, pero le dije a mi papá que no quería volver a poner un pie dentro de una sinagoga nunca más. Él me dijo que si le prometía ir sólo una vez más, para mi Bar Mitzvah, cuando cumpliera trece años, entonces jamás me obligaría a ir de nuevo. ¡Gracias, papá!

Como está prohibido manejar el día de Yom Kippur (así como ponerte zapatos de piel, bañarte y cosas por el estilo), observé la procesión de todos caminando a la sinagoga, con la misma expresión facial y todo se sintió muy... actuado. Recibir instrucciones sobre cómo exteriorizar las emociones de la manera correcta (y qué tipo de comportamiento se esperaba de mí) me pareció extremadamente antinatural. No quería formar parte de eso.

Desde el día que nacimos, hemos estado observando a todos a nuestro alrededor reaccionar emocionalmente a cualquier situación dada (desde nuestros padres y amigos hasta los actores en la televisión, algunos de forma más dramática que otros), así que nuestra propia reactividad emocional es tan sólo un comportamiento aprendido (mono ve, mono hace).

No estoy sugiriendo que expresemos menos nuestros sentimientos (todos nuestros sentimientos son completamente válidos y, de hecho, sería antinatural no sentir nada), pero la reactividad emocional es algo por completo distinto.

Cómo exteriorizamos nuestros sentimientos tiene mucho que ver con lo que la sociedad considera apropiado o con cómo creemos que los demás esperan que nos comportemos. Seguimos el juego porque queremos su atención o tememos su desilusión.

Hace unos años, una de mis amigas más queridas en Hawái perdió a su esposo cuando él pisó una mina terrestre durante la Guerra del Golfo. Estaban recién casados, tenían poco más de veinte años, y ella se entristeció por su muerte, por supuesto, pero no estaba devastada (al menos, no al grado que se esperara de ella durante el funeral militar televisado).

Fe Sin Religión

Me confesó que los grandes y oscuros lentes de sol que usó durante el servicio no eran para ocultar sus lágrimas, sino la ausencia de lágrimas. Todos esperaban que gimiera y se desgarrara, pero, al igual que yo, ella no exterioriza sus emociones (lo cual explica por qué somos tan buenos amigos, ¿no es así?).

Su falta de emociones no la convierte en un robot ni en una persona sin corazón; tan sólo es alguien racional, lógica, sensata y en paz consigo misma. Es una señal de madurez emocional y fortaleza, no de insensibilidad. Estaba triste, pero no reactiva. Me pregunto por qué la sociedad juzga eso como un defecto.

Preguntarnos por qué hacemos las cosas de la forma que siempre las hemos hecho es una pregunta interesante sobre la que podemos reflexionar, pero también es una trampa. Básicamente existen dos diferentes métodos terapéuticos para la modificación de comportamientos: un método indaga en el pasado para comprender mejor el origen de nuestros detonantes, al poner al descubierto experiencias de la niñez, viejas heridas y recuerdos enterrados; el otro, por su parte, se enfoca en el momento presente, el aquí y ahora, con la única intención de determinar qué nuevo patrón de pensamiento es necesario para llegar a donde queremos llegar.

Por ejemplo, si tenemos inseguridades o creemos que no merecemos amor, podemos pasar años en terapia para descubrir el origen de esa emoción debilitante (un cuento que nos hemos contado o que hemos escuchado de otros a lo largo de muchos años), o podemos simplemente reconocer que ese cuento no es cierto. Sólo entonces podremos empezar a crear un nuevo proceso de pensamiento que trabaje para nuestro beneficio (como hacer un nuevo doblez, por así decirlo), para ayudarnos a llegar al lugar donde queremos estar de inmediato (o lo más cercano a "de inmediato" como sea posible).

En resumidas cuentas: "¡No mires atrás por MUCHO tiempo, porque tú no vas en esa dirección!"

El Buda, de nuevo, ilustró maravillosamente este punto con una parábola que voy a incluir en su totalidad porque sigue siendo tan pertinente hoy como lo fue hace miles de años:

> Un hombre fue herido con una flecha untada de veneno. Sus amigos y compañeros, paisanos y parientes le llevaron a un cirujano, pero el hombre dijo: "No me removerán esta flecha hasta que yo sepa si el hombre que me hirió era un guerrero noble, un sacerdote, un comerciante o un trabajador.
>
> Decía: "No me removerán esta flecha hasta que yo sepa el nombre y el clan del hombre que me hirió... hasta que sepa si era alto, medio o bajo... hasta que sepa si era moreno o rubio... hasta que sepa en qué aldea, pueblo o ciudad nació... hasta que sepa si el arco con el que fui herido era un arco largo o una ballesta... hasta que sepa si la cuerda del arco con el que fui herido era de fibra, bambú, cáñamo o corteza... hasta que sepa si el asta con la que fui herido era silvestre o cultivada... hasta que sepa si las plumas del asta con la que fui herido eran de un buitre, de una cigüeña, de un halcón, de un pavo real o de otra ave... hasta que

sepa si el asta con la que fui herido estaba atada con el tendón de un buey, un búfalo de agua o un mono."

Decía: "No me removerán esta flecha hasta que yo sepa si el asta con la que fui herido pertenecía a una flecha común, una flecha curva, una flecha con púas, una flecha con dientes de becerro o una flecha de adelfa."

Pero ese hombre moriría antes de obtener respuesta, y todas esas cosas seguirían siendo un misterio para él."

Yo digo que hay que sacar esa flecha enseguida y disfrutar de la vida sin demora. Quién, qué, dónde, cuándo o por qué te dispararon es por completo irrelevante. Puedes pasarte toda tu vida tratando de darle sentido a cosas que no lo tienen.

Como lo resumió Alan Moore: "El pasado ya no te puede lastimar... ¡A menos que tú lo permitas!"

La madurez emocional

significa no estar molesto hoy

por algo que te molestó ayer.

— 7 —

COHESIÓN

Es muy vergonzoso admitirlo, pero, antes de mudarme a Estados Unidos, antes de mi primer año de preparatoria, yo era extremadamente ignorante sobre cómo estaba dividida la población mundial. En verdad creía que todos los africanos vivían en África, los asiáticos en Asia, los indios en India y podemos seguir la lista. Jamás se me ocurrió pensar que Estados Unidos fuera el hogar de tal diversidad de razas y religiones, y mi familia se mudó a una de las ciudades con mayor riqueza cultural, en uno de los estados con mayor diversidad racial: San Francisco, California. De inmediato, me encontré fascinado, intrigado y curioso. ¡Mi transición fue de un pueblo de sólo dos mil personas a una ciudad de casi un millón! La preparatoria a la que asistía tenía tres mil estudiantes y los de piel clara como yo éramos sólo una pequeña minoría. ¡Era increíble!

Cuando empecé la escuela, la administración me puso en clases de ESL: Inglés como Segunda Lengua (por sus siglas en inglés). En aquel entonces, las únicas palabras en inglés que yo conocía eran: "Yes, no, hi y bye," pero ése era todo el vocabulario que necesitaba para empezar una conversación con todas las personas exóticas que me llamaban la atención: una chica preciosa llamada

Judy, de Birmania; un llamativo chico de Filipinas, de nombre Seth; el serio señor Kawakami, de Japón, y la excéntrica señora Vargas, de México. ¡Era un crisol cultural y yo quería saberlo todo sobre todos!

En cuanto mi inglés mejoró y me pusieron en las mismas clases que los demás, nada me impidió entablar conversación con Kheesha (la payasa de la clase, de Chicago) o con Jacob (el deportista alto, de Ohio). Todos me intrigaban y despertaban mi curiosidad. Y aunque me acosaban y se burlaban constantemente de mí por ser tan extraño y torpe, no me desanimé.

Mudarme de un país a otro siendo adolescente tal vez me benefició más de lo que puedo imaginar. A diferencia de muchos inmigrantes que hacen todo lo posible por aferrarse a su cultura y su idioma, yo sólo quería ser el "típico chico estadounidense."

La televisión mostraba cómo era la vida de un adolescente estadounidense y yo hice todo lo que pude para imitar todos y cada uno de los aspectos que conformaban esa imagen: desde entregar el periódico en bicicleta por mi vecindario hasta ponerme una bandana igual que la que usaba Axl Rose en el póster que colgaba sobre mi cama, junto a una foto de Alyssa Milano. Era un adolescente muy confundido, ¿se nota?

Cuando alguien me señalaba que estaba pronunciando alguna palabra en inglés con acento israelí, me hacía una nota mental para que nunca volviera a pasar. "Peelow" se convirtió en "pillow," comer falafel fue reemplazado por Whoppers en Burger King, y

Fe Sin Religión

el hummus cedió su lugar al aderezo ranch. Admito que no todos los cambios fueron mejoras.

Como extranjero, había muchas cosas que al principio no entendía, y tal vez jamás las entendería, pero haber puesto mi intención y mi esfuerzo en entenderlas me ayudó mucho.

Es imposible que alguien experimente el mundo desde la perspectiva de otra persona. Ni siquiera si caminaras un kilómetro en sus zapatos sería lo mismo, porque cada uno lleva su propia perspectiva al camino.

Sin embargo, si nos tomamos el tiempo para escuchar las historias de las personas con la intención de entenderlas (no de criticarlas ni condenarlas), sucede algo mágico: el juicio le abre el paso a la compasión.

La novedad de la diversidad en la preparatoria se desvaneció un poco cuando el hecho de ser abiertamente judío e israelí resultó en unas suásticas talladas en mi casillero del pasillo, que rápidamente cubrí con unas calcomanías enormes. Era principios de los noventa, y creo que lo hicieron unos chicos celosos de que estuviera saliendo con la preciosa estudiante de intercambio rusa y no por ser judío, pero jamás lo sabremos. Lo único que sé es que odié la preparatoria después de ese incidente, y que comencé a hacer nuevos amigos sólo de dos formas: a través de mis primos (que iban a otra escuela) o de un programa extracurricular al que asistía para formarme como guía del Holocausto, con el fin de enseñarles a otros chicos sobre la Segunda Guerra Mundial.

Timber Hawkeye

Como guía del Holocausto, estudié con supervivientes para poder compartir sus historias con las nuevas generaciones. Al conocer los desgarradores sucesos, la mayoría de los estudiantes reaccionaban con confusión: ¿cómo un humano podía abusar de otro hasta ese grado? Se hizo evidente para mí que para entender la historia completa, debemos tratar de entender a los agresores y lo que impulsa a la gente a cometer tales atrocidades.

Tal vez la Alemania nazi fuera cosa del pasado, pero el Ku Klux Klan seguía apareciendo con frecuencia en la televisión cuando yo estaba en la prepa (más en el programa de Jerry Springer que en las noticias, pero aun así).

Tras escuchar a un miembro del Klan hablar sobre su infancia, aprendí sobre un niño que había sido golpeado y maltratado de manera regular en un hogar roto. Había crecido en un ambiente hostil y violento durante un tiempo, lugar y circunstancias en que el racismo estaba desenfrenado. También había sido ridiculizado en la escuela y en el área de recreo, cuando lo único que él deseaba era encajar, de la misma forma que todos nosotros lo deseamos en nuestra juventud.

Con muy poca voluntad para vivir, este joven se encontraba al borde del suicidio. Su ambiente estaba a punto de quebrarlo cuando conoció a la "hermandad," que le ofreció unidad, protección y, lo más importante, un lugar que podía llamar hogar.

Independientemente de la forma que adopten, estos grupos casi siempre comparten una figura enemiga en común, ya que esto asegura cohesión entre sus miembros (les da algo contra qué luchar, lo cual es una de las fuerzas unificadoras más grandes en una comunidad).

Sólo mira los deportes hoy en día: la gente no puede sólo animar a los Seattle Seahawks sin odiar a los Green Bay Packers. Y en Reino Unido, los aficionados de los equipos de futbol opuestos son terriblemente hostiles entre sí durante una semana, pero se vuelven uno de inmediato cuando Inglaterra juega contra Francia. Como sugiere el viejo proverbio: "El enemigo de mi enemigo es mi amigo" (un terrible denominador común para la unidad con resultados devastadores, si me lo preguntas).

El joven que creció y se convirtió en miembro del KKK estaba agradecido por el apoyo del Klan cuando su propia familia lo había maltratado, así que juró lealtad a la hermandad y estaba dispuesto a hacer casi cualquier cosa para asegurar que lo siguieran aceptando en su círculo.

A sus ojos, el amor condicional era mejor que la falta de amor. Y todos nos hemos conformado con ello en algún u otro momento. Algunos todavía lo hacemos.

Nuestra intención de conectar con otros a través del entendimiento puede abrir nuestros corazones y mentes, apartándonos del juicio, el desdén y el odio, y acercándonos a la empatía y la compasión.

No estoy sugiriendo que nos unamos a su grupo o que aprobemos su comportamiento, ni estoy diciendo que entender a un terrorista, un violador o un asesino justifique lo que hacen. Pero al intentar comprenderlos, nos deshacemos de cualquier odio o animosidad que alberguemos (que es destructivo y, a menudo, la misma fuerza impulsora detrás de las acciones que condenamos), y lo reemplazamos por compasión (que es sanadora, paciente, amable y potencialmente indulgente).

Como dijo Thich Nhat Hanh: "Cuando una persona causa daño a otros, es porque él o ella está sufriendo profundamente en su interior, y ese dolor se desborda. No necesita castigo, lo que necesita es nuestra ayuda; ése es el mensaje que está enviando."

Admito que he hecho algunas cosas terribles en mi vida y entre ellas incluyo el juzgar a otras personas. Jesús sabía lo que hacía cuando dijo: "Permitan al que nunca ha pecado tirar la primera piedra," y la muchedumbre se quedó en silencio.

Si yo he podido cambiar de la persona que era a quien soy ahora, entonces todos merecen la misma oportunidad de crecer. Si quieres eliminar cualquier posibilidad de menospreciar a alguien, sugiero que vivas el consejo de Walt Whitman: "Sé curioso, pero no juzgues."

— 8 —

FIGURAS PATERNAS

En cuanto me gradué de preparatoria, justo cuando estaba a punto de mudarme para ir a la universidad, mi novia, con quien había estado dos años, me dijo que estaba embarazada. Siempre habíamos usado protección y ella tomaba pastillas anticonceptivas, así que al principio me pregunté si me estaba diciendo esto para retrasar la inevitable ruptura cuando me fuera de la ciudad (¿podía haber sido más arrogante?).

Alisha era epiléptica y resultó que el medicamento que estaba tomando para la epilepsia había anulado el efecto de los anticonceptivos. Los condones no siempre funcionan y ambos aprendimos una lección importante (aunque demasiado tarde): si no estás listo para encarar las consecuencias, no estás listo para realizar el acto.

Aun cuando Alisha estaba en contra del aborto en ese momento, nos dimos cuenta lo poco realista que es para cualquiera tomar decisiones sobre situaciones hipotéticas con antelación. Es imposible saber cómo vamos a reaccionar si/cuando en verdad nos vemos obligados a tomar esas decisiones.

Si Alisha suspendía el medicamento para continuar el embarazo, habría estado propensa a sufrir convulsiones violentas y potencialmente mortales. Y si seguía tomando el medicamento durante el embarazo, no sólo habría malformación congénita casi segura, sino que también pondría en riesgo su vida y la del bebé.

Esta difícil decisión no le correspondía a nadie más que a Alisha. Mi compromiso era apoyarla y sostener su mano, ya fuera en la sala de partos o en la clínica.

Lo que hizo que una decisión difícil se volviera todavía más dolorosa resultaron ser los manifestantes que se encontraban afuera de la clínica, quienes fueron completamente insensibles al hecho de que este procedimiento no había sido la primera opción de Alisha; técnicamente, ella no tenía otra opción. Intenta decirles eso a los hombres y mujeres que le dijeron que era una asesina mientras caminábamos hacia la clínica con lágrimas en los ojos... como si ese día no hubiera sido ya lo suficientemente duro. Siempre recuerda que todos están peleando una batalla interna de la que no sabes absolutamente nada.

La madre de Alisha fue la única adulta a la que le dijimos del embarazo porque mis padres se habrían molestado mucho, no tanto porque hubiera embarazado a una chica, sino porque Alisha era católica.

Cuando nos mudamos de Israel a San Francisco, mis padres me dijeron que si tan sólo consideraba tener una novia que no fuera

Fe Sin Religión

judía, me enviarían de regreso a Israel para que sirviera en las fuerzas armadas (algo que sabían que yo no quería hacer).

Fue una broma cruel enviar a su muchacho adolescente a una escuela pública en una de las ciudades con mayor diversidad cultural y, sin embargo, limitar sus opciones de noviazgo a las chicas judías. Es como si llevaras a tu hijo a una nevería y sólo le permitieras ordenar un helado de vainilla cuando existen más de treinta sabores para elegir.

Alisha no fue la primera chica no judía con quien tuve una relación. Recuerdo que intenté convencer a mis padres para que me dejaran salir con Kelly, una metodista; les dije lo amable, inteligente y bonita que era, pero nada de eso les importó. Me prohibieron verla de nuevo. Esperé un par de semanas y entonces les dije que había conocido a otra chica, llamada Rebecca (y les dije que era judía). Ellos no sabían que Rebecca no existía y que yo estaba hablando de Kelly, porque nunca la habían conocido. Salimos durante varios meses.

Mi recámara estaba al lado de la de mis padres; si miraba por la rejilla de la calefacción de mi lado, podía ver directamente el piso de su recámara. Un día, mientras hablaba por teléfono con mi novia, me arrodillé para ver por la rejilla y justo allí estaban los pies de mi madre, sentada inmóvil en el borde de la cama, escuchando mi conversación. Básicamente, aprendí a mentirles a mis padres porque decirles la verdad no era opción; no podía confiar en que me amarían o me aceptarían incondicionalmente.

Timber Hawkeye

Cada vez que desobedecía las órdenes de mis padres, los zapatos se convertían en el arma preferida de mi madre (sus favoritas eran unas pantuflas con suela firme de goma, según decía, porque hacían un sonido "pop" muy gratificante con cada golpe). Recuerdo vívidamente cómo estaba acurrucado en posición fetal en el piso de mi recámara con mamá encima de mí en uno de sus arranques de cólera, golpeando mi piel con su zapato una y otra vez, cuando de repente alguien llamó a la puerta de la casa (en aquellos días, los vecinos solían llegar sin avisar). Mi madre soltó el zapato, se alisó el cabello y enderezó su postura, me dijo que me quedara callado en mi recámara y se fue a abrir la puerta con la voz más educada y agradable que uno podría esperar. Su habilidad para "guardar las apariencias" me asustaba más que cualquier golpe.

Fui testigo de esto otra vez unos años más tarde, cuando se golpeó un dedo del pie contra la cómoda. Mi mamá se tiró al piso y se agarró el pie, mientras parecía estar sufriendo un dolor insoportable. Se balanceaba adelante y atrás llorando, casi gimiendo, cuando sonó el teléfono sobre la mesita de noche. Ella se incorporó de inmediato, descolgó el auricular y respondió: "¿Hola?" como si nada hubiera pasado.

La imagen que tengo de mi madre es de una mujer sin rostro en un pequeño cuarto con cuatro paredes, cada una cubierta con cientos de máscaras. Y antes de salir de esa habitación, escoge una máscara de la pared, se la pone y juega su papel. Hasta el día de hoy, pienso que nadie ha visto su verdadero rostro. Como el actor Gabriel Byrne, que protagoniza a un cura en la película Estigma y al diablo en El fin de los días, mi madre te podría convencer de su personaje un momento y, al siguiente, jugar el papel contrario.

A fin de cuentas, nuestros padres nos enseñan cómo ser o cómo no ser, pero, en cualquier caso, son maestros.

La imagen de esa habitación con las máscaras sobre la pared ha permanecido conmigo a través de los años. Me ha servido como un recordatorio constante de que siempre debo ser sincero y transparente, que debo mostrar mi verdadero yo pase lo que pase (tal vez en exceso). Jamás he modificado la forma en que hablo o me comporto, así me encuentre en compañía de mis amigos, mis jefes, personas desconocidas o del clero. Siempre elijo ser honesto por encima de ser cortés; la verdad por encima de los modales. Lo más importante es que me rehúso a mentir, sea por omisión o de cualquier otra forma.

Porque pienso que la honestidad es superior, encuentro que es mejor tener una relación directa con Dios en lugar de tenerla a través de la religión; después de todo, Dios nos ama incondicionalmente, sin expectativas, mientras que la religión tiene un juego de normas que debemos cumplir (y algunas iglesias añaden todavía más normas). Tal vez esto se deba a que la religión es creada por el hombre y, por ende, modelada por el comportamiento humano, mientras que el amor de Dios no tiene prerrequisitos ni límites. Podemos ser quienes somos y Dios nos sigue amando y aceptando sin importar nada, pero tristemente tenemos que cambiar quienes somos si queremos que la religión nos vea como merecedores del amor de Dios.

Timber Hawkeye

La religión describe a Dios como una figura paterna y a nosotros como hijos tratando de ganarnos el afecto de Dios de la misma forma que tratamos de ganarnos el amor de nuestros padres (haciendo lo que ellos nos dicen). Yo no necesito cambiar para que Dios me ame y me rehúso a cambiar para complacer a otros. En las palabras del hermoso Kurt Cobain: "Prefiero que me odien por ser quien soy a que me amen por quien no soy."

Cualquiera que crezca mental,

hábil o espiritualmente,

sabe que el crecimiento

no se encuentra en la comodidad.

— 9 —

TRANSPARENCIA

Fui criado en un hogar con padres que nos ordenaban explícitamente a mi hermana y a mí que nunca, bajo ninguna circunstancia, habláramos con otros sobre lo que sucedía dentro de nuestra casa (ni qué decir de publicar un libro sobre ello). Jamás se me ocurrió que esa orden se debiera a que algo de lo que estaba pasando fuera inapropiado o ilegal. Sólo asumí que cada familia mantenía sus secretos y que así funcionaba el mundo.

La intención detrás de sacar los trapos sucios a la luz no es hacerles daño a mis padres. Antes sentía vergüenza por mis batallas porque nadie más hablaba de sus dificultades, así que creía que yo era el único. Ahora sé que la represión conduce a la depresión, y que ese dolor no se descompone cuando lo entierras. Una vez que empecé a hablar con otros sobre mi crianza, me di cuenta de que nunca hubo una razón para sentirme solo; todos estamos luchando contra demonios similares. Mi esperanza genuina es que revelar y darle voz a mi oscuridad sane nuestras heridas silenciadas y nos impulse a seguir adelante en la búsqueda continua de la transparencia en todas las cosas.

Timber Hawkeye

La soledad no es un sentimiento como la tristeza o la melancolía; es un anhelo emocional que está más relacionado con la adicción que con un sentimiento genuino como el dolor o los celos. Existe una gran diferencia entre estar solo y sentirse solo. "Estar solo" simplemente significa que no hay nadie más (es una fiesta de uno). No implica sentirse solo, y sentirse solo no es una consecuencia automática de estar solo.

Cuando era joven y no le contaba a nadie de mis batallas internas, me sentía increíblemente solo, a pesar de que estaba rodeado de amigos. Como dijo Paul Tournier: "Nada nos hace sentir más solos que nuestros secretos."

Si fingimos ser alguien que no somos para que los demás nos acepten, si ocultamos nuestra verdadera identidad o escogemos nunca compartir nuestros pensamientos y sentimientos con quienes más cerca están de nosotros, entonces la sensación de soledad se establece como una nube oscura que anula por completo el brillo del sol (sin importar si estamos solos o en un cuarto lleno de gente). El secreto está en aprobar nuestras propias decisiones en la vida, en lugar de buscar la aceptación y la validación de los demás. Y cuando estamos en paz con quienes somos, podemos ser abiertos y vulnerables sin temor con todos los que forman parte de nuestra vida. En realidad, la gente se identificará con lo que estamos pasando y no nos juzgará por nuestras inseguridades. Entiende que la vulnerabilidad es nuestra mayor fortaleza, no una debilidad. Nos une y nos conecta con los otros y, entonces, jamás nos sentimos solos (aunque estemos solos). Como dijo Wayne Dyer: "No puedes sentir soledad si te agrada la persona con quien estás cuando estás solo."

— 10 —

CONSUMO

Mi amiga Lauren me presentó a Eknath Easwaran, de quien he adoptado muchas de las herramientas de atención plena que sigo utilizando hoy en día. A través de sus libros y sus conferencias, nos invita a considerar que no sólo comemos con la boca, sino también con nuestros ojos y oídos. Todo el tiempo estamos asimilando información (visual y auditiva) y, como dice el dicho, somos lo que comemos. En algún momento a finales de los noventa, me di cuenta de que muchos de los programas y las películas que estaba viendo, así como la música que estaba escuchando, estaban cargados de violencia, negatividad, enojo y drama. ¡Necesitaba ponerme en una severa dieta de los medios de comunicación!

Dejé de ver CNN (su acrónimo en español: Constantes Noticias Negativas), paré de leer los periódicos (que ya habían dejado de tener un sentido de objetividad) y empecé a minimizar, tanto como fuera posible, mi exposición a la publicidad a través de revistas y otros medios. Básicamente, dejé de consumir todo el chisme, el drama, la negatividad, la paranoia y el temor que nos rodea. Si no lo hubiera hecho así, inevitablemente me habría convertido en una persona negativa, paranoica y miedosa (así como muchos).

En lugar de eso, elijo leer libros, ver documentales, meditar, tomar largas caminatas o practicar senderismo, y asumir el compromiso de buscar la belleza en el mundo porque en la televisión no la están mostrando. En esencia, dejé de ver la vida de otros en la televisión y empecé a vivir la mía.

Al principio, la única diferencia que noté fue que no tenía nada de qué hablar con la gente alrededor del dispensador de agua en la oficina (no saber qué había pasado la noche anterior en el programa Ally McBeal traía sus consecuencias). Pero después de unos años sin exponerme, me di cuenta de que algo mayor había cambiado: todos mis pensamientos ya eran míos. No me estaban diciendo, de forma subliminal o directa, qué comer o qué escuchar, qué comprar, qué estaba de moda, era novedoso o genial. No sentía ninguna presión por poseer algo que ni siquiera sabía que existía, ni temía salir de mi casa por el crimen en las calles. En lugar de desear lo que las fotos de comida digitalmente mejoradas trataban de vender como lo último para saciar el hambre, mi cuerpo me decía qué se le antojaba y, por extraño que parezca, nunca se me antojaba algo frito... ¡imagínate!

Hace poco me senté para ver algunos episodios de una popular comedia y quedé impactado por el tipo de lenguaje y comportamiento entre amigos, hermanos, padres e hijos, e incluso entre desconocidos, y que se mostraba como "perfectamente normal." Los personajes eran groseros, desdeñosos, acusadores, mentirosos, traicioneros, infieles, dramáticos y emocionalmente inestables, y todo ello se nos estaba presentando como una forma de entretenimiento (y sigue siendo así). Y con la sociedad imitando lo que ve en la televisión (en particular, en algunos programas considerados como "reality shows"), no es de extrañar que los chicos de hoy (y una buena cantidad de adultos) se traten con tanta hostilidad. No podemos vivir una vida positiva con una actitud negativa; simplemente, no es posible.

Los conductores de noticieros y los reporteros hacen hasta lo imposible por vender una historia. Cubrir el último conflicto con Corea del Norte ya no es suficiente, por ejemplo, sino que ahora de alguna manera es necesario decirnos lo que piensa Jennifer López al respecto y, para ser sincero, yo no estoy interesado; sin ofender a J-Lo.

Así que, sí, dependo de mis amigos para que me cuenten las cosas realmente importantes que están ocurriendo en el mundo, pero es sorprendente cómo rara vez consideran algo lo suficientemente importante para compartirlo conmigo. De hecho, siempre que le digo a la gente que no veo televisión, la mayoría me responde: "¡No te estás perdiendo de nada!"

Entonces, cuando tiene que ver con las noticias, como señaló Mark Twain: "Si no lees el periódico, estás desinformado. Pero si lo lees, estás mal informado."

Dejarás de atraer

a ciertas personas en tu vida

cuando sanes esa parte de ti

que una vez las necesitó.

Suéltalas.

— 11 —

EPIFANÍA

Al limitar mi exposición a los medios, he reducido la cantidad de negatividad en mi vida y me siento muy bien. Pero eso es sólo la mitad de la ecuación. ¿Qué hay de mi propia contribución al mundo? ¿Son mis pensamientos, palabras y acciones parte del problema? Y de ser así, ¿cómo puedo convertirlos en parte de la solución?

Existe un antiguo proverbio árabe sobre la expresión con atención plena que nos invita a imaginarnos que hay tres porteros en nuestra garganta, cuyo trabajo es asegurarse de que ciertas palabras no pasen más allá de nuestros labios (tal como la seguridad del aeropuerto, con la excepción de que no tienes que quitarte los zapatos).

Es muy sencillo: cuando estás por decir algo, el primer portero pregunta: "¿Es verdad lo que estás por decir?" De ser así, entonces las palabras pasan a la siguiente puerta, donde el segundo portero pregunta: "¿Es necesario lo que estás por decir?" (Y aquí agrego yo otra pregunta: ¿es necesario que lo diga YO? Porque algunas cosas son ciertas y se tienen que decir, pero pocas veces me corresponde a mí decirlas, ¿sabes?). Si lo que estás por decir es verdad y es necesario, entonces las palabras pasan con el tercer y último portero, que pregunta: "¿Es amable lo que estás por decir?"

Sólo si lo que tienes que decir es verdad, necesario Y amable, lo dices, lo envías por correo electrónico, lo publicas, lo mandas por mensaje de texto o lo tuiteas. Pero si no puedes ser amable, ¡quédate callado!

Esta práctica de expresión con atención plena aumentó mi conocimiento en cada aspecto de mi vida, sobre todo en lo concerniente a mi círculo social.

Después de una década de vivir en y alrededor del área de la Bahía, en el norte de California, finalmente decidí que era tiempo de marcharme. Desde que tengo memoria, solía llamarle a Steve (el "líder de la manada") cada viernes por la noche para averiguar a qué antro iríamos ese fin de semana. Por lo general, era un antro que se escogía al azar entre Palo Alto y Sacramento. Nos reuníamos todos, festejábamos, nos divertíamos y prometíamos hacerlo todo de nuevo el siguiente fin de semana.

Nos veíamos regularmente, pero siempre había música a todo volumen, baile y muchísimo alcohol involucrado. Así que, aunque veía a Brian, Connie, Kerri, Garret, Jordan e incontables otros, no tenía ni idea de cómo les iba en la vida, con qué problemas estaban batallando en ese momento o qué les quitaba el sueño. Y antes de que me diera cuenta, pasaban meses sin que tuviera una buena conversación, tranquila, de calidad uno-a-uno con cualquiera de ellos.

Fe Sin Religión

Fuera una semana difícil en el trabajo, una fiesta de cumpleaños, un nuevo enamoramiento o el final de una relación, básicamente encontrábamos cualquier excusa para beber y salir de fiesta, pero no hacíamos el tiempo para realmente hablar unos con otros.

Añoraba una conexión más profunda con la gente y estar menos preocupado por cuántos amigos me rodeaban y más enfocado en qué tan bien conocía a los pocos que en verdad se preocupaban por mí. Esto fue mucho antes de que existieran los mensajes de texto y las redes sociales, cuando todavía tenías que llamar por teléfono a alguien para hablar con él.

Como experimento social para distinguir quién era un amigo y quién un simple conocido, decidí ver cuánto tiempo pasaba para que me llamaran si dejaba de aparecerme los fines de semana. Tristemente, nadie llamó. Resulta que tenía más de cien conocidos, pero ni un solo amigo que pudiera llamar mío (los amigos hacen el tiempo, los conocidos hacen excusas, así es como los distingues).

Para poder comenzar de nuevo, empaqué mis maletas y me mudé a Seattle, donde no conocía a nadie. Socialmente, tenía la opción de conocer a nuevas personas y acompañarlos a cualquier cosa que les gustara hacer (lo cual básicamente habría sido repetir el mismo ciclo de la Bahía), o podía, por primera vez en mi vida, tomarme el tiempo para descubrir quién era yo, cuáles eran mis propios pasatiempos e intereses, y lo que en verdad disfrutaba hacer.

El senderismo encabezaba mi lista (siempre me ha encantado estar al aire libre, y Seattle ofrece rutas increíbles a través de las montañas Cascades y Olympic). Así que, sí, fui a excursiones solo, pero no tardé mucho tiempo en conocer a otras personas en las rutas que, obviamente, también disfrutaban el senderismo. Esto sucedió también con el kayak, el yoga y el patinaje. Pero fue el circuito de voleibol el que me introdujo a mi círculo social más grande, algo que jamás habría descubierto si no hubiera tenido el valor de lanzarme solo. Por lo regular jugábamos en un gimnasio local en el invierno, y cuando salía el sol armábamos varias redes en Green Lake, Golden Gardens y Alki Beach.

Entre jugar voleibol en cancha, en la playa y en el césped, el tenis, el senderismo y la escalada, el mismo chico que había reprobado educación física en la preparatoria de pronto se estaba convirtiendo en todo un atleta. ¡Y eso cambió mi vida por completo!

En cuanto a mi carrera profesional en Seattle, estaba recibiendo menos de la mitad de lo que ganaba en San Francisco, pero no importaba; estaba más contento en el noroeste del Pacifico que en cualquier otro lugar donde hubiera vivido. Y fue entonces cuando me di cuenta de que mi felicidad no tenía nada que ver con mis ingresos.

Esta epifanía desencadenó un estilo de vida completamente nuevo, alimentado por la pasión en lugar de la ambición. Menos se convirtió en más, y mi trabajo dejó de definirme para convertirse tan sólo en algo que realizaba entre las ocho de la mañana y las cinco de la tarde. Dado que en verano en Seattle

Fe Sin Religión

el sol no se pone hasta las diez de la noche, mi día apenas estaba empezando cuando salía del trabajo a las cinco, no terminando.

Si alguien puede tener una crisis de la mediana edad en sus veinte, ¡sin duda, yo estaba atravesando por una! Para alinear mi estilo de vida con lo que estaba aprendiendo de Eknath Easwaran, sobre cómo tratar nuestro cuerpo como si fuera la única chaqueta que tendremos en nuestra vida, empecé a cuidarme mucho: comía bien, me alejé del alcohol y el tabaco, y pasaba mucho tiempo afuera. Los resultados fueron increíbles. Mi mudanza a Seattle condujo al nacimiento de un nuevo yo.

Tristemente, el costo de mi vida anterior en San Francisco había acumulado intereses. Literalmente. El monto total de la deuda en mis tarjetas de crédito en California oficialmente excedía mi nuevo ingreso anual en Washington. Determinado a liquidarlo, me aferré a hacer más de lo que sí disfrutaba (como pasar todo ese increíble tiempo al aire libre, algo que no costaba nada), y estuve libre de mi deuda en menos de cinco años. ¡El mejor sentimiento del mundo!

Liquidar mi deuda requirió un autocontrol serio, determinación y coraje (cualidades que han comprobado ser extremadamente beneficiosas en cada aspecto de mi vida a partir de entonces, así que estoy contento de haber empezado a ejercitarlas cuando lo hice).

Cada vez que me veía tentado a comprarme una taza de café o comer en un restaurante en lugar de en casa, sentía que estaba cavando un agujero más profundo en lugar de tratar de salir de él. Un proverbio sueco me ayudaba a recordar mi meta: "El que compra lo que no necesita se roba a sí mismo."

No lamento haber perdido a mis conocidos de San Francisco porque fueron reemplazados con verdaderos amigos en Seattle, y no extraño comer carne ni beber alcohol, porque eso fue remplazado con siempre sentirme saludable. Nada fue un sacrificio, todo fue un intercambio, una mejora. Y de la misma manera, soltar el dogma, la tradición, el ritual y la religión para acoger directamente la fe en su lugar, se sintió como una enorme mejora.

Como se dio cuenta Lenny Bruce: "Cada día, las personas se alejan de la iglesia y regresan a Dios." ¡Es hermoso verlo!

Tu vida se convirtió

en una lucha

cuando convertiste tus preferencias

en necesidades

— 12 —

PERSPECTIVA

Cuando las Torres Gemelas en Nueva York cayeron, yo me encontraba en un autobús rumbo al trabajo, en Seattle. Sabiendo que no veo la televisión ni escucho la radio, un amigo acertadamente supuso que yo no sabría lo que estaba ocurriendo, así que me llamó para contarme las noticias. Cuando sonó mi celular y contesté, él estaba gritando: "¡Acaba de empezar la Tercera Guerra Mundial!"

Los Seminarios en Comunicación No-Violenta (NVC, por sus siglas en inglés) nos enseñan, entre otras cosas, a distinguir entre una opinión y una observación. Dicho de manera simple: una observación es lo que básicamente puede ser grabado sin audio y una opinión es, muy a menudo, la narración.

Observación: explotaron edificios en Manhattan.

Opinión: tenemos encima la Tercera Guerra Mundial.

Considéralo como "hecho contra verdad," tal como lo exploramos antes. Hecho: esto acaba de pasar. Verdad: esto es lo que significa para mí y cualquiera que escoge creer algo diferente está equivocado (las verdades están empezando a sonar como sentimientos poco fiables, ¿no te parece?).

Todo lo que experimentamos tiene que ver con la perspectiva. Por ejemplo, tu amigo y tú pueden ver una obra de arte, y si tú le dices lo que ves antes de que él se forme su propia opinión, existe la probabilidad de que vea lo mismo que tú. Pero si se la muestras sin hacer ningún comentario, él le asignará su propio significado. El conflicto surge cuando queremos que otras personas validen nuestra propia interpretación del mundo viéndolo de la misma manera que lo vemos nosotros.

Con esa mentalidad, es fácil de entender por qué empiezan las guerras, ¿cierto? Las guerras externas tan sólo reflejan la agitación interna. Por lo tanto, es la paz interior la que nos guiará hacia la paz mundial, y no al revés.

Aquellos que rutinariamente interiorizan sus conflictos son los mismos que después participan en actos terroristas. Eso es lo que hacen las emociones: nublan nuestro buen juicio. Por eso es absurdo matar a alguien con el fin de probar que matar está mal; sin embargo, las personas y los gobiernos lo hacen todo el tiempo.

Esto te parecerá completamente racional o insensible, dependiendo de qué tan reactivo emocionalmente sueles ser. En cualquier caso, espero que veas la lógica detrás de esta línea de pensamiento. Después de todo, la lógica juega un papel muy importante en mi viaje hacia la fe, lo cual suena loco (lo sé), porque la fe es ilógica.

Fe Sin Religión

Para ilustrar mejor esta distinción entre opinión y observación, digamos que estoy en San Francisco y quiero manejar a Los Ángeles (que está al sur). Si voy rumbo al norte, cuando salgo de la autopista para pedirte indicaciones y tú me dices que voy por el camino equivocado, no estarías emitiendo una opinión, estarías haciendo una observación. Eso es porque tú, personalmente, no tienes ninguna preferencia en cuanto a dónde voy; sólo estás señalando que, si mi intención es llegar a Los Ángeles desde San Francisco, entonces tengo que viajar hacia el sur, no al norte. Entonces al decir: "Vas por el camino equivocado," estás haciendo una observación, no dándome una opinión. Espero que me explique.

Sin embargo, si yo me bajara de la autopista para pedirte direcciones y me dices que estoy loco por querer ir a Los Ángeles porque hay mucha contaminación y está terrible, entonces estarías emitiendo una opinión, no una observación (y en ese proceso, estarías repartiendo un consejo no solicitado).

Cuando les llamo a mis amigos con un dilema, lo primero que me preguntan es qué espero lograr a través de mis acciones propuestas. Esto les ayuda a reflejarme si la decisión que estoy por tomar me va a acercar o alejar de los resultados que espero obtener (como si me dieran direcciones). Y cuando mis amigos me llaman a mí con un problema, me ofrezco como un espejo a cambio.

Laura me llamó un día angustiada y me dijo: "Estoy en apuros económicos porque mi esposo y yo estamos tratando de tener otro hijo!"

Mientras que ella no ve la respuesta que ya está en la pregunta, porque se encuentra demasiado cerca del problema, es fácil para una persona ajena reflejar que, tal vez, no sea tan buena idea tratar de tener un segundo hijo cuando hay problemas económicos.

Al no estar apegado personalmente al resultado, podemos hacer una observación verdaderamente imparcial de cualquier situación (incluso la nuestra). ¿No has notado que somos mejores para darle a otro el mismo consejo que nosotros necesitamos seguir? Es porque no estamos tan comprometidos emocionalmente en la decisión del otro como lo estamos con la nuestra. Insisto, las emociones son baches sobre un camino, de lo contrario parejo, hacia la euforia. El truco está en enfocarnos en el camino, no en el destino, para que no nos apeguemos emocionalmente al resultado.

Como dije antes, tener fe es aceptar lo desconocido; dar un paso adelante cuando no estás seguro de adónde te va a llevar (no porque seas temerario, sino porque a pesar del miedo que sientes al dar ese paso, es menos que el miedo a quedarte estancado). Más a menudo nos arrepentimos de los pasos que no dimos en la vida que de los que sí dimos. Además, ¿cómo podemos crecer si no tenemos fe en que todas nuestras experiencias pasadas no fueron errores, sino pasos necesarios para equiparnos con la fuerza necesaria para superar lo que está por venir?

Otra amiga se vino abajo recientemente y me dijo: "Nunca he sido feliz. La felicidad simplemente no existe para mí o dentro de mí."

Fe Sin Religión

Le respondí lo siguiente:

"A estas alturas, Pat, es una profecía autocumplida. Has estado diciendo esto por tanto tiempo que ya se convirtió en parte de tu identidad. Tú verdaderamente crees que la felicidad no existe para ti, razón por la que no la puedes ver, aunque esté a tu alcance (no podemos ver lo que no creemos que exista). Primero lo primero: mira las palabras con las que describes tu día, tu vida y el mundo a tu alrededor. Si todas son negativas, entonces ahí tienes tu respuesta. La felicidad no tiene que ver con ver el vaso medio lleno en lugar de medio vacío, tiene que ver con estar agradecido, en primer lugar, por tener un vaso. El agradecimiento es la llave de la felicidad, no al revés. No importa cuántas "cosas" más compres en tu intento de hacerte feliz, si ni puedes estar feliz con lo que ya tienes.

"La atención plena tiene que ver con re-entrenar tu mente para que cree nuevos patrones de pensamiento y comportamiento, porque es evidente que tus viejos patrones no funcionan, Pat. Dado que estar abatida es una parte tan central de tu identidad, tienes que estar extremadamente dispuesta a soltar cualquier cosa que pensabas que era verdad hasta ahora y empezar de nuevo.

"Esto no tiene nada que ver con nadie más en tu vida (esperar que alguien más te haga feliz es la

> forma más segura de ser infeliz). La felicidad es un trabajo interno y tienes que estar dispuesta a realizar el trabajo. Si eres adicta a tu miseria, tal vez sólo necesites algo de reestructuración similar a una rehabilitación, pero tienes que querer ser feliz más de lo que quieres seguir haciendo todo de la misma forma en que lo has estado haciendo hasta ahora. Aquí no hay ningún secreto, como dijo Will Rogers: 'Si te encuentras en un hoyo, ¡lo primero que tienes que hacer es dejar de escarbar!'"

Temí haber sido demasiado directa con ella, pero me dijo que era justo lo que necesitaba oír. Esta conversación funcionó porque ella estaba abierta a escuchar esa reflexión. Intenta dársela a alguien que no lo haya pedido (o que no esté listo para oírla), y habrás perdido un amigo y, tal vez, empeorado las cosas.

Por desgracia, muchos afirman que quieren una manera para salir de su sufrimiento, pero en realidad no están dispuestos a realizar el trabajo necesario para llegar ahí. Por fortuna, Pat estaba lista y dispuesta a soltar todo lo que era perjudicial para su felicidad (trabajo, relación, tendencias habituales, el lenguaje que usaba para identificarse, etc.), y le dio un giro a su vida.

Como un espejo, por así decirlo, es importante no apegarse a un resultado final en la vida de otros. Podemos darles todos los consejos, la información, los datos y los hechos que necesitan para tomar una decisión racional, pero no podemos obligarlos a tomarla. En otras palabras, tú los puedes guiar hacia el conocimiento, pero no puedes obligarlos a pensar. No puedes querer algo para alguien más de lo que esa persona lo quiere para sí misma.

Muchas personas están orgullosas por ser brutalmente honestos y siempre decir lo que piensan sin endulzar sus palabras. Debería saberlo... yo antes era ese tipo. No me importaba si mi honestidad le dolía a la gente porque, en mi mente, les estaba diciendo la verdad y, a fin de cuentas, la verdad sana, ¿no es así? Bueno, todavía creo que es importante ser honesto siempre, pero la honestidad se sirve mejor con una guarnición de tacto. Como hermosamente lo dijo Isaac Newton: "El tacto es el arte de decir algo importante sin crear un enemigo." La belleza de comprometerte con una vida de honestidad radical (no brutal), comunicación no violenta y la práctica de los tres porteros (sólo di lo que es verdad, necesario y amable), es que aumenta la probabilidad de que los amigos que hagamos en este camino permanezcan a nuestro lado a través de todo, no sólo cuando digamos o hagamos lo que a ellos les "guste."

El primero de los Cuatro Acuerdos de don Miguel Ruiz es ser impecables con nuestras palabras, lo cual va más allá de ser honesto; es reconocer que las palabras tienen el poder de crear o destruir. Él nos invita a "hablar con integridad, decir sólo lo que queremos decir, evitar usar el lenguaje para hablar en nuestra contra o chismear sobre otros y, en lugar de eso, usar la fuerza de nuestras palabras en la dirección de la verdad y el amor."

Si el método de los tres porteros para filtrar lo perjudicial no funciona para ti, entonces recuerda una cita de Gandhi cuando consideres el habla con atención plena: sencillamente "no hablar a menos que mejore el silencio."

No puedes calmar la tormenta,

así que deja de intentarlo.

Lo que sí PUEDES hacer es calmarte...

la tormenta pasará.

— 13 —

INSTRUMENTO DE PAZ

Gracias a una invitación de Eknath Easwaran en su libro Passage Meditation (Meditación de paso) he estado meditando con la oración de San Francisco de Asís durante muchos años. Leí el libro por primera vez en 1993 y lo volví a leer diez años después, y me sorprendí al volver a descubrir una perspicacia asombrosa que al parecer no estaba listo para absorber cuando leí el libro por primera vez, diez años antes. Por esta razón, con frecuencia releo libros inspiradores cada tantos años. Parece que encuentro algo nuevo que apreciar cada vez, no porque el texto haya cambiado, sino porque yo lo he hecho.

Aunque la oración es hermosa, práctica, sensata psicológica y espiritualmente, con buenas intenciones, al principio se me dificultaba recitarla cada mañana porque me parecía muy desalentadora (explicaré por qué en un minuto).

La oración se dirige a "Dios," "Señor," o "Maestro Divino," pero eso no me molesta, porque hoy en día tomo esos términos a la ligera. Los veo como una referencia a un poder superior dentro de cada uno, no fuera, y ese poder es capaz de crear, amar, dar y perdonar.

Antes de explicar cómo modifique la oración un poco desde su forma original (no creo que a San Francisco le moleste), voy a compartir contigo en la forma que fue originalmente escrita. Intenta adivinar cuál parte de la oración me parecía contraproducente y por qué la tuve que cambiar:

> "Señor, hazme un instrumento de tu paz.
> Donde haya odio, déjame sembrar amor;
> donde haya ofensa, perdón;
> donde haya duda, fe;
> donde haya desesperación, esperanza;
> donde haya oscuridad, luz;
> donde haya tristeza, alegría.
>
> Oh, Maestro Divino,
> concédeme no buscar tanto el ser consolado,
> sino consolar,
> ser comprendido, sino comprender,
> o ser amado, sino amar.
> Porque es al dar cuando recibimos;
> es al perdonar cuando somos perdonados;
> y es al morir al ser cuando nacemos a la vida eterna."

La parte con la que batallaba era: "Haz de mí un instrumento de tu paz," porque implicaba que aún no lo era. Consideraba perjudicial empezar mi día desde un lugar de carencia, así que la cambié un poco. Ahora digo: "YO SOY un instrumento de paz," y de ahí continúo.

Fe Sin Religión

Es muy empoderante y establece maravillosamente las pautas y la intención para el resto del día. Aquí está mi nueva versión:

"Señor, YO SOY un instrumento de paz.
Donde haya odio, sembraré amor;
donde haya ofensa, perdón;
donde haya duda, fe;
donde haya desesperación, esperanza;
donde haya oscuridad, luz;
donde haya tristeza, alegría.

Oh, Maestro Divino,
no buscaré tanto ser consolado, sino consolar,
ser comprendido, sino comprender,
o ser amado, sino amar.
Porque es al dar cuando recibimos;
es al perdonar cuando somos perdonados;
y es al morir al ser cuando nacemos a la vida eterna."

La última línea, como la entiendo, significa que cuando ya no nos identificamos con nuestro "ser" (con el ego), como de alguna forma separado de otros, es entonces cuando vemos nuestro lugar en el gran esquema de las cosas y nos damos cuenta de que nunca morimos verdaderamente, sino que cambiamos de forma. No quiero decir que regresemos como un caracol, sino que seguimos viviendo a través del impacto duradero que hemos generado en las vidas de otros. Yo no pienso mucho en la vida después de la muerte; para ser honesto, trato de enfocarme en la vida antes de la muerte.

Es un poco vergonzoso admitirlo, pero malentendí por completo la oración de San Francisco durante los primeros años, cuando meditaba con ella cada mañana. Pensaba que era una llamada para que saliéramos al mundo como instrumentos de paz y dondequiera que viéramos odio, sembráramos amor. Donde hubiera ofensa, perdón; donde hubiera duda, fe; donde hubiera desesperación, esperanza; donde hubiera oscuridad, luz y, donde hubiera tristeza, alegría. Pero ¿cómo podía difundir amor al mundo cuando todavía tenía odio dentro de mí? No podemos dar lo que no tenemos; simplemente, no es posible.

Sólo después de modificar una cosa más a la oración, me resultó evidente, por fin, que lo que debía hacer era trabajar en mí, en lugar de intentar arreglar a los demás. "Donde haya odio EN MÍ, sembraré amor," etc.

La oración me empoderó para aceptar la invitación de Gandhi a ser el cambio que quiero ver en el mundo. Al principio, pensé que era un poco egoísta enfocarme en mí, pero cuando mi intención es utilizar este desarrollo personal para servir mejor a los demás, es lo más altruista que se puede ser.

Nuestro trabajo no es salir a buscar a quién rescatar, ni arrastrarlo, pataleando y gritando, con la esperanza de que en algún momento nos lo va a agradecer. De hecho, yo espero que continuemos dando a otros sin esperar nada a cambio (ni siquiera su agradecimiento), porque eso es amabilidad incondicional; todo lo demás es ego.

Lo único que podemos hacer es vivir una vida saludable y confiar en que aquellos con ojos para ver prestarán atención. Nuestras acciones siempre hablan más fuerte que nuestras palabras, así que mi vida es mi mensaje.

A menudo me preguntan: "Pero ¿y si veo a alguien haciendo un mal? ¿No debo decir algo?"

No podemos combatir la discriminación con discriminación. De hecho, no necesitamos combatir, sólo amar. ¿Crees que tu ira y frustración van a detener la ira y la frustración de otro? ¿O sólo le echará leña al fuego?

Aquí va un buen ejemplo de por qué es bueno practicar ser amable y quedarse callado: Vi a una mujer gritarle a un tipo por haber tirado su botella de soda al contenedor de basura normal, en lugar de al de reciclaje, que estaba convenientemente al lado. "¡¿¡¿Qué está haciendo?!?!" le gritó ella. "¿No le preocupa el medio ambiente?" Él sólo la miro y dijo: "Señora, acabo de tragarme una doble hamburguesa con queso y tocino con una Pepsi, y estoy por fumarme otro cigarro. Obviamente, no estoy preocupado por mi propia salud, así que, ¿qué la hace pensar que me importa un [beep] el medio ambiente?"

Todos podemos aprender una lección importante del arrebato de ella y de la respuesta honesta de él: ¡conoce tu audiencia!

Si tu batalla es cambiar el mundo, te dejará exhausto. Pero si cambiar el mundo es sencillamente tu forma de ser, entonces será fácil. O, cómo exclamó poéticamente Rumi: "Ayer era listo, así que quería cambiar el mundo; hoy soy sabio, así que me estoy cambiando a mí mismo."

No todos estamos en posición

de ayudar a los demás

de alguna forma grandiosa,

que cambie sus vidas;

pero todos estamos

en posición de no hacerles daño.

— 14 —

PARAÍSO

Antes de poder aceptar la invitación de Gandhi, de ser el cambio que deseamos ver en el mundo, demos un paso atrás para evaluar mejor qué cambios queremos en realidad. Evidentemente, hay demasiado temor, violencia, orgullo y codicia en el mundo, todo lo cual causa conflictos y guerras (tanto al interior como alrededor de nosotros), así que la lógica dicta que la codicia, el odio y la ignorancia deberían ser las primeras cosas en eliminar, ¿cierto? Por lo menos, eso es lo que se canta cada mañana alrededor del mundo en los monasterios zen: "La codicia, el odio y la ignorancia aumentan infinitamente, juro abandonarlos."

¡No es tan fácil!

No sólo no estaba siendo un instrumento de paz, tal como San Francisco nos invita a ser, sino que estaba operando bajo la misma mentalidad ciega que contribuye al ciclo vicioso de problemas de los que todos los demás se estaban quejando: estaba tomando decisiones que creía que "debía tomar," sin darme cuenta de que en realidad podía des-escogerlas en cualquier momento. Lo que en realidad quería (y lo que deduzco que todo el mundo busca) es una vida sencilla, sin complicaciones (sin dolores de cabeza, sin estrés, sin ansiedad...sólo serenidad pacífica y calma dichosa). Entonces, ¿por qué estaba tomando decisiones, una tras otra, que añadían complicaciones a mi vida y me guiaban más y más lejos de la simplicidad que en realidad quería? No sólo estaba corriendo sobre una rueda de hámster, ¡yo mismo había construido la maldita rueda!

Dejar de exponerme a todos los medios de comunicación fue un gran primer paso, lo mismo que pagar todas mis deudas, pero seguía operando con la vieja programación. Antes pensaba: "Claro que debo trabajar a tiempo completo. ¿De qué otra forma podría solventar el apartamento, el carro y el celular? NECESITO ese trabajo de tiempo completo..."

Tyler Durden dijo: "Las cosas que posees terminan poseyéndote a ti. ¡Y hasta que lo pierdes todo es cuando eres libre para hacer cualquier cosa!" Esa cita se puede aplicar no sólo a perder posesiones materiales, sino también a soltar nuestros temores, inseguridades y apegos. La forma en que hacemos una cosa es la forma en que hacemos todas las cosas, así que empecé a soltar las cosas tangibles y eso abrió la puerta a soltar también lo intangible.

¿Recuerdas a los magos que hacían girar platos sobre unas varas en el escenario del circo? El truco consistía en tratar de hacer girar la máxima cantidad de platos posible al mismo tiempo, sin permitir que ninguno cayera. Esto requiere atención constante a cada plato, dando sólo el impulso justo cada tantos segundos para mantenerlos girando, y luego apresurarse a hacer lo mismo con otro plato, para evitar que cayera de la vara. Esto ilustra cómo la mayoría de nosotros vivimos nuestras vidas con la multitarea justificada en el lugar del trabajo y perpetuada en nuestra sociedad como si fuera una ventaja, cuando en realidad sufrimos de una enfermedad en proporción epidémica (como si fuéramos adictos a estar ocupados o algo así).

Como consecuencia directa de una mentalidad "más grande, mejor, más rápido, más," tomamos una vida sencilla y la complicamos muchísimo. Nuestros "deseos" se convierten en "necesidades" y, antes de que nos demos cuenta, creemos que no podemos vivir sin algo que ni siquiera sabíamos que existía un año atrás. Estamos malcriados, sobreestimulados y legítimamente exhaustos, pero es culpa nuestra. Algunos de los platos que tratamos de mantener girando no tienen sentido con todo lo demás que ya tenemos encima, así que prácticamente garantizamos que uno o más caigan. Y hemos estado haciendo esto por tanto tiempo que no conocemos otra forma de ser.

Un viaje a Hawái fue lo único que tuvo que suceder para demostrarme una forma alternativa de vivir, y esto cambió mi vida por completo.

Un buen amigo se había mudado a Oahu y me invitó a visitarlo. Por años yo había estado reservando todos los viajes de mi jefe con mi tarjeta de crédito personal, así que había acumulado suficientes puntos para cubrir un vuelo redondo a la isla gratis. Con bastantes días de vacaciones disponibles, vuelo gratis y un lugar donde quedarme gratis mientras lo visitaba, no había razón para no ir.

Timber Hawkeye

Al principio, no entendía por qué la gente consideraba Hawái un "paraíso." Había tráfico constante, baches por todos lados, pavimento agrietado, balcones feos que usaban como almacenes, y nada nuevo ni moderno, lo que en un inicio juzgué como inferior y, a veces, inadecuado. Pero entonces, aunque suene cursi, mientras estaba atrapado en el tráfico en mi camino de regreso al pueblo desde la costa norte, vi una calcomanía en un carro viejo que decía: "¡Despacio! ¡No estamos en el continente!" y me golpeó (no el carro, sino una epifanía): había estado mirando la isla a través de mis "ojos de Seattle," por decirlo de alguna manera, comparando todo lo que veía con cómo era "mejor" en el continente, en lugar de observar sin juzgar, a fin de poder apreciar en verdad lo que estaba justo frente a mí.

Así que empecé a aceptar la cultura relajada de la isla, donde nadie funcionaba bajo ningún sentido de urgencia. Aunque al principio parecía absurdo, tuvo sentido cuando fui testigo del efecto relajante que generaba en las personas a mi alrededor. Nada era "la gran cosa..." ¡vaya concepto!

Para el segundo o tercer día en la isla, ya había hecho amigos que surfeaban o jugaban voleibol todos los días después del trabajo. Simplemente llegaban a la cancha de voleibol, se cambiaban de ropa y jugaban hasta que se ponía el sol. El clima siempre era agradable, así que a veces jugábamos tenis incluso después de eso, porque las luces de la cancha se mantenían encendidas las veinticuatro horas del día.

Esto siguió a través de las dos semanas que estuve ahí, durante las cuales a nadie le importó que yo no fuera de la isla o que llevara puestos los mismos shorts todos los días; me aceptaron como si fuera uno de los suyos y de inmediato me sentí en casa. Jamás olvidaré a Elena, que siempre llevaba sorpresas para compartir con todos en la cancha (papayas, mangos, piñas, lilikoi, guayabas... era increíble, yo había encontrado el paraíso).

Cuando el avión despegó de Honolulu de regreso a Seattle y vi cómo la isla de Oahu desaparecía detrás de mí, me prometí que volvería lo más pronto posible. Por fin sabía qué tipo de vida quería llevar y dónde la quería vivir, y nada me iba a detener. Llegué a casa, corrí hasta mi computadora y compré otro boleto a Hawái para viajar en pocos meses (tenía que saber que regresaría en algún momento en el futuro).

Volver a la oficina iluminada con luces fluorescentes después de esas vacaciones fue extremadamente doloroso. Ahí estaba yo, con un lindo bronceado, recordando la sensación de la arena entre los dedos de mis pies y sin lograr entender por qué seguía trabajando en ese lugar. Quiero decir, mi deuda por fin estaba pagada, entonces, ¿qué iba a hacer con los mil dólares "extra" que ya no necesitaba enviar cada mes a las compañías de tarjeta de crédito? Por suerte, lo primero que pensé fue: "Supongo que ya no tengo que pagar esos mil dólares 'extra' cada mes; ¡puedo renunciar a este trabajo, vender todo lo que tengo y mudarme a la isla donde puedo trabajar menos y vivir más!"

El motor se puso en marcha.

Un par de meses más tarde, regresé a Hawái y retomé mi vida donde la había dejado (jugando voleibol con los mismos amigos, como si nunca me hubiera ido, nadando, caminando por el pueblo y comiendo en todos mis lugares locales preferidos). Las rutas de senderismo eran impresionantes, el clima era siempre perfecto y el ritmo de vida era ideal. Sabía que la próxima vez que volara allí, sería con un boleto sólo de ida.

Jamás olvidaré mi primer día de regreso al trabajo después de mi segundo viaje a Hawái. Justo a las tres de la tarde, todos en la oficina empezaron a moverse lentamente hacia el comedor, como ganado, para comer pastel y galletas gratis porque otra asistente legal estaba celebrando su treinta aniversario en la empresa.

¿Te diste cuenta? ¡Ella estaba CELEBRANDO treinta años de estar sentada en un cubículo bajo luces fluorescentes! ¡Esto era magnífico para ella, pero a mí me aterraba! Yo ya había trabajado en el mundo corporativo durante diez años (cinco en el área de Bahía y cinco en Seattle), y esta "celebración" fue como echar un vistazo hacia mi propio futuro si no hacia un cambio, ¡y pronto!

Sin titubear, caminé directo a la oficina de mi jefe, cerré la puerta y me quedé mirándolo fijamente. No sé si fue mi piel bronceada o la mirada de terror en mis ojos, pero sólo sonrió y me dijo: "Te vas a mudar a Hawái, ¿no es así?"

Mi jefe era increíblemente comprensivo y, después de haber trabajado tan bien juntos durante cinco años, no lo iba a dejar tirado con un aviso de renuncia de dos semanas. Le dije que los planes ya estaban en marcha y que debíamos dar los pasos necesarios para que la transición fuera lo más fácil posible. Admitió que, si no fuera por su esposa y sus cuatro hijos, él estaría haciendo lo mismo (sólo que se iría a las montañas en Montana, no a las islas, pero es la misma idea).

Cuando llegó el momento de irme de la empresa, el Departamento de Recursos Humanos hizo todo lo posible para convencerme de que me quedara. Me ofrecieron aquello por lo que cualquiera en el mundo corporativo rogaría: un salario más alto, más vacaciones, carga de trabajo más ligera y flexibilidad de horario. Y esto habría sido una tentación, en efecto, si no hubiera probado ya la vida que en verdad quería. Rechacé su oferta con enorme gratitud y estoy muy feliz de haberlo hecho.

Como dije antes, el sueño, tal vez para todos, es llevar una vida simple y sin complicaciones. Y aunque es difícil imaginarnos una salida de nuestras situaciones actuales si nos sentimos "atrapados," siempre hay opciones. El truco está en descifrar qué está atravesado en nuestro camino cuando decidimos salirnos. Ese "algo" casi siempre son nuestros temores e inseguridades.

Mis amigos Jay y Martin son un gran ejemplo de esto. Están en posiciones similares: ambos están en sus treinta, les encanta el senderismo, acampar, viajar y explorar distintas culturas, comidas y música, y ambos son dueños de su casa.

Durante la última década, Martin ha estado rentando su casa y ha usado el ingreso de la renta para viajar a más de treinta países alrededor del mundo (y contando). Ha tenido aventuras que la mayoría de las personas, incluyendo a Jay, sólo pueden soñar, mientras trabaja en empleos ocasionales por aquí y por allá para complementar el dinero que gana con la renta de su casa. Nunca se queda trabajando para un mismo empleador por mucho tiempo (después de todo, hay volcanes que escalar e islas remotas que explorar). Verdaderamente está viviendo su vida al máximo cada día. Admiro la pasión de Martin más de lo que él se da cuenta, y me encanta que pueda aceptar cada momento sin miedo o preocupación, y sin reservas.

Al igual que Martin, Jay también renta su casa. Ese pago no sólo cubre la hipoteca, sino también el resto de los gastos de manutención. Sin embargo, a diferencia de Martin, él ha pasado la última década trabajando sesenta horas a la semana (y quejándose de ello durante todo ese tiempo). Sólo después de leer Buddhist Boot Camp (Campo de entrenamiento budista) se sintió inspirado para trabajar menos a fin de poder vivir más, pero se está dando cuenta de que su identidad está firmemente ligada a su título de trabajo, así que se le está dificultando soltarlo.

Es fácil para mí ver que una vida de ocio está claramente disponible para Jay aquí y ahora (técnicamente, no tiene por qué trabajar si no quiere, y definitivamente, no de tiempo completo). Sin embargo, de extraña manera, en lugar de decidir cuál de los platos giratorios podría dejar caer para simplificar su vida, continuamente está añadiendo responsabilidades (financieras y de otro tipo) y, básicamente, complicando su vida todavía más.

Él dice que su intención es seguir haciendo esto "sólo por un tiempo más," para que su sueño verdadero se pueda materializar en cinco o diez años (como si la vida le garantizará que va a seguir aquí todo ese tiempo), pero lo peor es que dijo lo mismo hace cinco años.

Fe Sin Religión

La codicia tiene a Jay buscando más, y el temor le impide soltar el pasado para estar en el presente. Todo se reduce a elecciones y es obvio que sus acciones expresan que su prioridad es tener más dinero, no la vida de ocio que dice querer, pero que claramente no lo motiva lo suficiente como para hacer algo al respecto. Alguna vez se lo señalé (¿para qué son los amigos?), y él admitió que la adicción al ajetreo y el apego a tener un título relacionado con su trabajo, aunque sea sólo para impresionar a sus padres, son más fuertes que su deseo de vivir la vida sencilla que dice querer. Él no hubiera llegado a esta claridad si no se hubiera preguntado honestamente, y respondido: "Si quiero una vida libre de estrés, entonces, ¿por qué sigo tomando decisiones que le añaden más estrés a mi vida?"

Lo que más deseamos, sea lo que sea, inevitablemente va a ser lo que nos motive. Cuando dudes, observa tus acciones y descubrirás tus prioridades. Eso fue lo que le ayudó a Jay a ver claramente que estaba más motivado por la codicia y el temor que por el amor y la fe.

Aquellos que temen no tener suficiente, al final nunca tienen suficiente. Y aquellos que están agradecidos por lo que ya tienen, siempre viven en abundancia.

Siempre que pienso en Jay, esperando para empezar a vivir su vida, el siguiente dicho de W.M. Lewis viene a mi mente: "La tragedia de la vida no es que se acabe muy pronto, sino que esperemos tanto tiempo para comenzarla"

Cuando tenemos más que suficiente,

no necesitamos aumentar

nuestro nivel de vida,

necesitamos aumentar

nuestro nivel de generosidad.

— 15 —

LAS MEJORES COSAS EN LA VIDA

Mudarme a Hawái fue fácil. Vendí o doné lo que poseía (desde los muebles hasta la ropa de invierno) y tomé ese vuelo de ida a la isla con sólo una mochila y una red de voleibol. No había ahorrado nada, pero tampoco le debía a nadie, ¡así que me sentía libre!

Sin un trabajo establecido en Honolulu, ni un lugar donde vivir, me guiaba por una fe tan grande que la palabra "optimista" ni siquiera alcanzaría a describir todo esto. Podría decirse que "estúpido" también lo describe bastante bien (después de todo, existen más personas sin hogar per cápita en Oahu que en cualquier otro lugar de Estados Unidos), pero estaba (y aún estoy) convencido de que tomar decisiones basadas en el amor conduce a que todo en el universo conspire a nuestro favor; mientras que las decisiones tomadas por temor crean obstáculos innecesarios que debemos superar. Así que me juré que siempre contemplaría si mis decisiones se basaban en el amor o en el temor, y que sólo tomaría aquellas basadas en el amor a partir de ese momento. Esto eliminó la preocupación (que es como rezar por algo que no quieres) y abrió la puerta a las posibilidades, no a las excusas.

Todo el punto de mudarme a la isla era para llevar una vida sencilla y sin complicaciones, ¿cierto? Por lo tanto, cada decisión debía ser sopesada para asegurar que contribuía a vivir el sueño todos los días, en lugar de posponerlo a "tal vez algún día." Buscar un trabajo de medio tiempo fue muy fácil. Por todos lados estaban contratando: desde hoteles y mercados hasta cafeterías y restaurantes. Y dado que ya había tenido una gran variedad de empleos de medio tiempo a lo largo de los años (desde diseño gráfico y fotografía los fines de semana hasta trabajar el turno de noche en gasolineras o de bailarín en un antro, preparar sándwiches o licuados), ahora que estaba en Hawái, cualquier trabajo que no involucrara un cubículo y luces fluorescentes, ¡estaba bien! Después de todo, en realidad sólo necesitaba ganar lo suficiente para pagar por comida y la mitad de la renta en un estudio compartido. Hawái es uno de los pocos estados donde los empleadores te dan seguro médico si trabajas veinte horas a la semana (en lugar de cuarenta), así que incluso un trabajo de medio tiempo en Starbucks habría sido suficiente.

Por suerte, un amigo en la isla me encontró trabajo administrando una galería de arte en línea por cuatro horas al día, y con el tiempo pude hacerlo desde casa. Trabajaba durante la parte más calurosa del día, para poder pasar el resto de mi tiempo jugando voleibol, tenis, nadando, haciendo senderismo, lo que se te ocurra.

No entiendo por qué la gente piensa que vivir en la isla es tan caro. ¡Todas las cosas que disfruto hacer no cuestan nada! Tal vez es caro si quieres comprar una casa, manejar un carro y tener hijos, pero no lo es si quieres transportarte por el pueblo en bicicleta, disfrutar la naturaleza y aprovechar al máximo la vida. Tal vez por eso a muchas personas se les atribuye la frase: "El hombre más rico no es el que más tiene, sino el que menos necesita."

— 16 —

EFECTO DOMINÓ

No estoy seguro de cómo mi intención de llevar una vida sencilla y sin complicaciones me llevó a tomar los votos monásticos y mudarme a un monasterio budista, pero supongo que tampoco es sorpresivo, si lo piensas bien. Cuando le dije a mi mejor amiga en Seattle que me iba a convertir en monje, ¡su respuesta fue perfecta! Me dijo: "Estoy impactada, pero ¡no sorprendida!"

La decisión de tomar los votos monásticos llegó justo después de terminar una relación romántica. Me di cuenta de que estaba añadiendo drama y complicaciones a mi vida en lugar de enriquecerla.

Cuando hice una lista de las cualidades que quería ver en alguien con quien me podía imaginar pasando el resto de mi vida, los detalles como el color de piel, la edad, la situación económica, la profesión y hasta el género dejaron de importar. Por fin entendí la importancia de dejar de lado los aspectos superficiales de la lista para buscar a alguien amable, generosa, entregada, capaz de perdonar, compasiva, que me aceptara incondicionalmente y me apoyara, amorosa, honesta, respetuosa y confiable. Y mientras hacía esa lista, me di cuenta de que, básicamente, estaba describiendo a Dios (tal como yo entendía que era él/ella). Y entonces tuvo sentido para mí casarme con Dios y hacer un voto de servicio al bien mayor.

El viaje me llevó por un camino de indagaciones que me condujo al Dalai Lama. La primera vez que lo escuché hablar, no esperaba que tuviera un sentido de humor tan juvenil y ese comportamiento tan desenfadado, así que me agradó enseguida. De hecho, estaba tan cautivado que pensé que mi búsqueda había terminado. "¡Ya está!" exclamé. "Me convertiré en un monje budista y... 'puf', ¡adiós al ego!"

Era ambicioso, pero completamente ingenuo.

Recuerda que en este punto de mi vida ya había renunciado al trabajo corporativo, vendido todas mis pertenencias y me había mudado a una isla en el lugar poblado más recóndito de la tierra. Tomar los votos monásticos me parecía como el siguiente paso más lógico hacia una vida simple. Quiero decir, nadie jamás mira a los monjes y piensa: "¡Vaya, sus vidas deben ser complicadas!" Aburridas, tal vez, pero nunca complicadas.

Un rápido vistazo a los votos monásticos fue muy reafirmante. Ya había adoptado una dieta vegetariana para minimizar el impacto nocivo que pudiera tener sobre otros seres; no había tomado una gota de alcohol en una década; estaba afinando activamente mis habilidades de atención plena y conciencia (una práctica para toda la vida), y ya consideraba el cojín de meditación mi "lugar feliz," así que el monje ya se estaba armando...

FE SIN RELIGIÓN

Había un obstáculo final por superar: los pensamientos sexualmente-cargados que conducen a acciones sexualmente-cargadas. Por suerte, esto se aborda en el tercer precepto del budismo, que se traduce bellamente en el libro For a Future to Be Possible (Para que un futuro sea posible), de Thich Nhat Hanh.

Aunque incluí su traducción en mi último libro, pienso que es importante compartirlo aquí también:

> "Consciente del sufrimiento causado por un comportamiento sexual inapropiado, juro cultivar la responsabilidad y aprender formas de proteger la seguridad y la integridad de los individuos, las parejas, las familias y la sociedad. Estoy resuelto a no participar en relaciones sexuales sin amor y sin un compromiso a largo plazo. Para preservar la felicidad mía y ajena, estoy resuelto a respetar mis compromisos y los compromisos de los otros. Haré todo lo que esté en mi poder para proteger a los niños del abuso sexual y para prevenir que parejas y familias se rompan por comportamientos sexuales inapropiados."

El tercer precepto describe la responsabilidad sexual, no el celibato, pero después de años de adicción sexual y abuso, pedirme que fuera responsable sexualmente era como pedirle a un alcohólico que beba responsablemente; no confiaba en mí en ese aspecto, así que la abstinencia fue la solución principal para las complicaciones que quedaban en mi vida.

De la misma manera en que alguien que está tratando de perder peso le va mejor si no tiene comida chatarra en casa, o que un alcohólico en recuperación mantiene su hogar seco (sin alcohol), yo sabía que para mí este nivel de disciplina era necesario para poder evitar la tentación, con el fin de mantenerme enfocado.

Existen muchas caras del comportamiento obsesivo con el que todos luchamos en mayor o menor medida. Sea comer demasiado, excesos de alcohol, ejercicio compulsivo, sexo o cualquier otra cosa que hagamos para "escapar," muchas semillas de conciencia y claridad pueden brotar para convertirse en patrones de comportamiento más saludables a través de la humildad.

Cuando tenía veintitantos años, me acostaba con cualquiera que me encontrara atractivo, porque confundía la atracción con ser amado. Al igual que todo el mundo, estaba hambriento de intimidad y conexión, aceptación y afecto, pero mientras más me acostaba con cualquiera, peor me sentía.

Con el tiempo, me di cuenta de que estaba lastimando a todos a mi alrededor al usarlos para hacerme sentir mejor, y que en eso, además, también estaba fallando miserablemente.

El tercer precepto es un ejemplo perfecto de lo que tanto amo del budismo: no existen mandamientos ni reglas que seguir, sólo sugerencias e invitaciones a probar cosas diferentes, con el fin de descubrir si funcionan o no.

Tampoco existe el mandamiento: "No matarás." El primer precepto dice: "Consciente del sufrimiento causado por la destrucción de la vida, prometo no matar, no permitir que otros maten y no aprobar ningún acto de matanza en el mundo a través de mis pensamientos, palabras o acciones." Qué hermoso es esto, ¿no te parece? Simplemente nos invita a contemplar el dolor causado por la destrucción de la vida y nos pregunta si queremos contribuir a ese dolor o no participar. ¡Me encanta!

Esto explica por qué algunos budistas son vegetarianos y algunos no; los preceptos están ahí para contemplar, interpretar y luego aplicar, mientras los entendamos. No existe una respuesta "equivocada;" todo está sujeto al tiempo, el lugar y las circunstancias.

Sólo después de muchos años de celibato comprendí, por fin, la diferencia entre usar el sexo y abusar de él, y que ninguno de los dos es un sustituto del autorrespeto, el amor, la confianza en uno mismo o la aceptación. Encontrar a alguien que te ame no es un sustituto de aprender a amarte a ti mismo.

No estoy sugiriendo que todos nos abstengamos del sexo, pero pienso que es bueno preguntarnos: "Cuando tengo relaciones sexuales, ¿por qué lo estoy haciendo?"

Tal vez te sorprenda tu respuesta. Por años, yo estuve teniendo sexo por todas las razones equivocadas: ya fuera porque sentía que no tenía nada más de valor que ofrecer o porque hací obtenía validación de los otros, dado que me faltaba seguridad y confianza en mí mismo. Sólo después de ver la divinidad y la perfección absoluta en nuestro propio reflejo, podemos verlas en verdad en los demás.

Timber Hawkeye

Una amiga que seguía un camino similar me llamó un día llorando y me explicó cómo, a pesar de que todo lo demás iba muy bien en su vida (su trabajo y salud estaban bien, y sus prácticas de yoga, espiritualidad y meditación le proporcionaban consuelo, constancia y equilibrio), todavía se encontraba de vez en cuando, como ella lo explicó, anhelando el "peso de un hombre sobre ella." "No sexo," dijo, "sólo esa cercanía física y conexión."

Cuando colgué el teléfono, pensé: "¿Como puedo asegurarme de que, sin importar qué tan lejos llegue a través de este camino monástico, no me encuentre algún día careciendo de algo como el contacto físico al final del día?" No podía soportar la idea de que tal vez podría sentir que algo faltaba de mi vida, en lugar de enfocarme en lo rica que era.

Como experimento, decidí aplicarle a este dilema la misma lógica que había aplicado en el pasado al fumar, beber y comer carne. En algún punto, había dejado de hacer esas cosas por completo y, después de que pasó el tiempo suficiente, incluso dejaron de cruzar por mi mente. Así que, ¿qué pasaría si eliminaba el contacto físico por completo? ¿Perdería al final el interés por la conexión física y, por ende, me liberaría del deseo y la sensación de vacío que mi amiga estaba experimentando?

Por más de cinco años, me abstuve de cualquier contacto físico que no fuera más íntimo que un apretón de manos (ni abrazos, ni besos, nada más allá que un golpe de puños), ¡y el experimento funcionó! No sólo dejé de sentir añoranza por la conexión física, sino que también me hice extremadamente consciente de lo mucho que otras personas dependen de ella, la necesitan y la usan o abusan por varias razones.

El efecto secundario inesperado de este experimento fue que me obligó a redefinir la intimidad en términos no-físicos: de ser íntimo sin siquiera un simple abrazo a mi disposición.

Uno de los maestros en el monasterio nos guio a través de un ejercicio de compartir, que me pareció extremadamente íntimo: nos pidió que nos sentáramos con las piernas cruzadas justo frente a alguien a quien no conociéramos y luego invitó a una persona de cada pareja a hacerle una pregunta al otro participante. Cuando la persona en frente respondía la pregunta, se nos dio la instrucción de no reaccionar ni comentar la respuesta, sino tan sólo hacer la pregunta de nuevo. En el monasterio, las preguntas eran específicas de la práctica, pero ¿puedes imaginarte hacer este ejercicio con una pregunta cómo: "¿Por qué estás enojado?"

Todos tenemos respuestas en el bolsillo, por así decirlo, disponibles de inmediato para la mayoría de las preguntas, y estamos listos para dar esas respuestas prefabricadas a cualquiera en cualquier momento. Ésa fue justo la respuesta que cada uno dio la primera vez que se nos preguntó. Y cuando se nos preguntó de nuevo, todos buscamos nuestra respuesta de respaldo en-caso-de-emergencia. Pero cuando la pregunta se repitió por tercera, cuarta y quinta vez, tuvimos que verdaderamente pelar las capas y escarbar más profundo para compartir desde nuestro interior, lo cual nos dejó a todos vulnerables, expuestos, francos, radicalmente honestos, transparentes y, en general, extremadamente incómodos.

Timber Hawkeye

Cuando la persona sentada enfrente de mí me preguntó repetidamente por qué había escogido vivir en el monasterio, en un inicio di la respuesta esperada: "Para aprender," "Para crecer" o "Para encontrar paz." Pero cuando por fin llegué a la verdad, me rompí en llanto y admití que había mucho miedo detrás de mi decisión. Tenía miedo de que si no encajaba en el monasterio (después de no haber podido encajar en ningún otro lugar), tal vez nunca encontraría un lugar donde pertenecer.

Una vez que cayeron nuestras "fachadas," desenterramos recuerdos reprimidos, miedos no examinados, inseguridades y ansiedades, y por fin nos vimos a nosotros mismos (con nuestras manchas oscuras y todo), a veces por primera vez en la vida.

Me di cuenta de que es muy fácil pasar tiempo con un amigo, darle un abrazo y compartir una charla superficial, pero no es tan fácil practicar este nivel de honestidad radical entre nosotros, a pesar de que es extremadamente importante y beneficioso. A la larga, abstenerme del contacto físico con otros y, en su lugar, comprometerme con este nuevo nivel de intimidad ha comprobado que mis relaciones con todas las personas de mi vida se han fortalecido significativamente, en lugar de debilitarlas.

A menudo la gente me dice que mi honestidad es un acto de coraje y valentía, pero yo no lo veo así. No tengo nada que perder al ser honesto, y si hemos de tratar a otros de la forma en que deseamos ser tratados, entonces debemos empezar por derrumbar las paredes y las barreras que construimos cuando pensábamos que otros podían lastimarnos. Como ya hemos descubierto, nadie puede hacer que sintamos nada sin nuestro consentimiento, así que no hay nada que defender ni nada que proteger.

Si lo piensas bien, nadie te puede lastimar usando información sobre ti que tú mismo aceptas. Por lo tanto, la llave es que todos nos sintamos cómodos con quienes somos, no "a pesar de nuestros defectos," sino al darnos cuenta de que no estamos dañados de ninguna manera en absoluto.

Así que, independientemente de lo que hayas hecho en el pasado, no permitas que eso arruine tu presente ni obstruya tu futuro. John Lennon estuvo en lo cierto cuando dijo: "Ser honesto tal vez no te haga ganar muchos amigos, pero siempre ganarás los correctos."

Cada vez que me dejan o me despiden,

me echan o me desprecian,

no estoy siendo rechazado,

estoy siendo redirigido.

Y lo agradezco todo.

— 17 —

COMPAÑERISMO

El experimento de abstenerme de contacto físico por unos años me ayudó a descubrir este nuevo y más profundo nivel de intimidad. No estoy diciendo que el contacto físico sea algo malo, sólo que no es la única forma de tener intimidad con alguien, tal como descubrí durante mi relación con Marisa.

Cuando la conocí, nuestra compatibilidad fue innegable. Compartimos un nivel mutuo de amor incondicional, honestidad, respeto y confianza, lo que hacía que vivir juntos fuera un placer absoluto. Nuestra única intención era hacer todo lo posible para que la vida del otro fuera más fácil y manejable, sin complicarla con exigencias o expectativas. Marisa no era la razón de mi felicidad, ni yo la de ella, pero definitivamente disfrutábamos pasar tiempo juntos y averiguar formas creativas para enriquecer nuestras vidas mutuamente... ¡era tan divertido!

En aquel entonces yo estaba tomando varias clases en la universidad y trabajando desde casa, y Marisa trabajaba en una oficina de un edificio cercano. Cada mañana meditábamos juntos por unos minutos y luego yo preparaba jugo para ambos mientras ella se alistaba para el trabajo. Le empacaba su desayuno y almuerzo para que no tuviera que salir apurada a la oficina ni gastar dinero comiendo fuera y, dependiendo del día de la semana, yo me iba a la universidad o trabajaba en casa.

Los sábados, yo jugaba voleibol todo el día. Marisa sabía que llegaría a casa hambriento, así que siempre tenía algo delicioso esperándome en la cocina. Era un placer absoluto hacer cosas el uno por el otro, y nada de eso era por obligación, culpa o deber. Hubieras visto su cara iluminarse de alegría cuando le ponía jengibre extra a nuestro jugo de la mañana. ¡Verla tan feliz era la parte más memorable de mi día!

Por las tardes, Marisa llegaba a casa del trabajo, se ponía rápidamente unos pantalones deportivos y una camiseta, y salíamos a una caminata corta antes de que se pusiera el sol. Ambos somos amantes de la buena comida y seguimos una dieta basada en plantas, así que nos divertíamos preparando la cena juntos. Y antes de irnos a dormir, nos turnábamos para leer en voz alta un capítulo del libro The Holy Man (El hombre santo), de Susan Trott.

Nos dábamos las buenas noches y luego Marisa se iba a su recámara y yo a la mía. Fue la relación más ideal que hubiera imaginado porque, así como nos encantaba pasar tiempo juntos, también atesorábamos las noches solos.

Aunque no sé si esta relación fue tan buena porque era platónica, no puedo evitar pensar que algo tuvo que ver con eso.

FE SIN RELIGIÓN

Cuando empezamos una nueva relación con alguien, cada uno trae su propio plano de lo que piensa que "debería" ser, en lugar de cocrear el ideal más conveniente para esa relación específica. ¿Dónde dice que una pareja debe irse a la cama a la misma hora, todas las noches, compartir una cuenta de banco o tener hijos? Debemos cuestionar de dónde vienen esas ideas y si aplican a nosotros o no. La mayoría de las discusiones vienen de expectativas no expresadas que, por lo mismo, resultan insatisfechas.

Marisa y yo respetábamos nuestro espacio, necesidades y tiempo, y exigíamos casi nada el uno del otro. Aunque íbamos juntos a fiestas, al cine, a restaurantes o de viaje por carretera, lográbamos mejorar cada experiencia sin restarle nada.

En una relación sana es imprescindible, sobre todo, ser un apoyo mutuo. Por ejemplo, si tu novio decide ser fotógrafo, tu papel sería simplemente decir: "¡Magnífico! Vamos a buscarte una cámara y, si necesitas una modelo, ¡soy toda tuya!" Y si seis meses más tarde cambia de opinión y dice que quiere ser enfermero, tú has de decir: "¡Magnífico! Vamos por una solicitud a la escuela local de enfermería y, si necesitas, yo te ayudo con tu tarea."

La única situación hipotética en la que sería apropiado que desanimes a tu pareja de perseguir algo es si de repente decide hacer algo que va en contra de sus valores fundamentales (eso sí, no los tuyos, sino los de él/ella). Por ejemplo, si tu novia es ambientalista y le presentan una tentadora oferta de trabajo de una empresa que es propiedad de una corporación enorme dedicada al fracking, sea que ella lo sepa o no, entonces sí sería apropiado que tú le reflejes que sus valores fundamentales le harían muy difícil ir a trabajar todos los días, sin importar cuánto dinero le esté ofreciendo la empresa.

La relación con Marisa mejoró mis habilidades de comunicación y la forma en que entiendo a todos en mi vida. Ella siempre decía que conocemos a las personas por alguna razón, por una estación o por toda la vida, así que, aunque con el tiempo cada uno seguimos caminos separados, estoy eternamente agradecido por nuestro tiempo juntos. Tal como dijo Eckhart Tolle: "Amar es reconocerte a ti mismo en otro."

— 18 —

DESAPEGO

Cuando estaba vestido con todas las túnicas monásticas y libre de posesiones mundanas, por fin sucedió: nació un monje (pobre, célibe, solitario y contemplativo).

¿Recuerdas que pensaba que este nuevo rumbo trabajaría como una poción mágica para eliminar el ego? Bueno, eso fue antes de que me diera cuenta de que no se trata de destruir el ego, per se, sino de hacer las paces con él. Resulta que el mundo de los monjes no era ninguna poción mágica; el trabajo apenas había comenzado.

A todos se nos ha dicho que si algo se ve como pato, suena como pato y camina como pato, entonces debe ser un pato, ¿cierto? Pero ése no siempre es el caso. Llevar puesto un atuendo de santo no hace que la persona sea santa. He conocido a muchos sacerdotes en el monasterio motivados por el ego: tenían un aura de superioridad sobre ellos porque se habían memorizado algunos sutras y estaban orgullosos de sus habilidades de canto. En realidad, muchos eran desconsiderados, poco amables y rudos. Tyler Durden estaba en lo correcto una vez más: "¡Pegarte unas plumas en las nalgas NO te convierte en gallina!"

Por cierto, Tyler Durden es un personaje ficticio de la novela Fight Club (El club de la lucha), escrita por Chuck Palahniuk. Diría que estoy citando a Chuck cuando cito a Tyler, pero en lo que respecta al ego y el alter ego, Tyler hace lo que el narrador jamás haría, y viceversa. Así que imagino a Chuck como el narrador de los pensamientos de Tyler. Y Fight Club, lo mismo que nuestro propio camino espiritual: "No es un retiro de fin de semana. No es un seminario. Así que deja de tratar de controlar todo y sólo suéltalo. ¡Suéltalo!"

Cuando llegó el momento correcto, decidí conservar los votos, pero soltar las túnicas monásticas. Dentro del monasterio, la túnica tenía mucho sentido (todos llevábamos el mismo corte de cabello y la misma vestimenta, lo cual literalmente transmite que todos somos lo mismo, interconectados e iguales). Pero fuera del monasterio, la túnica me separaba de los demás como alguien diferente y tal vez hasta "especial," con lo que transmitía el mensaje opuesto de lo que deseaba. Supe que tenía que soltar la túnica cuando una anciana me ofreció su asiento en el autobús.

Lo que yo creo es que todos somos uno, por lo que no tiene sentido que mi ropa contradiga esa idea. Fueron mis propios maestros quienes me preguntaron: "¿Por qué la túnica, Timber? ¿Por qué no puedes ser tan sólo el chico del pueblo con los ojos brillantes?"

— 19 —

SOLTAR

Hace poco, un buen amigo terminó una relación intermitente. Ya sabes... meses de romper y volver a estar juntos, sólo para romper otra vez y repetir el ciclo. Pero juró que esta vez era "definitivo."

Me llamó unos días después y dijo: "Una parte de mí quiere intentarlo de nuevo," y exactamente ahí está el problema que él necesitaba tratar. Si sólo "una parte de él" quiere regresar, no es suficiente. Es decir, una parte de mí quiere unirse al Cuerpo de Paz, mientras que otra parte de mí quiere mudarse de regreso al monasterio. Existe una parte de mí que quiere volver a beber, fumar y enfiestarme por primera vez en más de una década, tal como una parte de mí de vez en cuando quiere abofetear a ciertas personas. Por supuesto, no hago ninguna de esas cosas y eso es porque sólo una parte de mí quiere hacerlas, no todo de mí. Cada aspecto de mi ser primeramente tiene que estar de acuerdo con lo que estoy por hacer, o elijo no hacerlo en absoluto.

Las relaciones son difíciles porque la química no determina necesariamente la compatibilidad. Nuestra relación primordial en la vida es con nosotros mismos, así que necesitamos asegurarnos de no crear un conflicto interno al sólo escuchar "una parte" de nosotros. El acuerdo armonioso entre quienes somos y el tipo de persona que queremos ser es esencial para nuestra paz interior; sólo entonces nuestras acciones estarán en línea con nuestros valores.

Para que nuestro comportamiento esté alineado con nuestras creencias fundamentales, debemos estar dispuestos a soltar cualquier cosa que se nos atraviese en el camino (sea ego, ira, resentimiento o miedo). "Soltar" es una expresión común en la jerga budista, y es fácil entender por qué. Pero ¿cómo soltamos el ego y el miedo? Cualquier intento de destruir cualquiera de los dos sólo les da más energía para crecer. Pero aprender a hacer las paces con el ego y reconocerlo, al tiempo que decides no actuar a su favor, es la forma de terminar con el conflicto interno. Tal vez suene obvio, pero la mejor forma de ganar la batalla es no pelearla.

Vencer el temor es un poco diferente, porque para hacerlo sólo necesitamos alimentar nuestra fe, y el temor morirá solo. Cualquier atención que le demos al temor sólo lo reafirma. Tomar decisiones basadas en el amor resuelve este problema.

Para alimentar nuestra fe, debemos confiar con todo el corazón que todo va a estar bien, pase lo que pase (tu definición de "bien" tal vez tenga que cambiar). Puedes empezar por darte cuenta en el momento en que estés por tomar una decisión basada en el temor, y simplemente no seguir con eso (o si el temor te impide tomar una decisión, no lo permitas).

Fe Sin Religión

¿Tuve miedo de mudarme a Hawái sin tener un trabajo establecido o un lugar donde vivir? ¡Por supuesto! Pero lo hice de cualquier manera. Ésa es la práctica: reconoce tu temor, pero no dejes que te asuste.

Todo lo que menciono (soltar el ego, alimentar nuestra fe para que nuestros temores mueran de hambre y avanzar en la vida con convicción completa, en lugar de titubear) puede sonar más fácil de decir que de hacer a primera vista, pero, aunque todo ello constituya un desafío, sigue siendo más fácil que vivir el resto de nuestras vidas alimentados por el temor.

La forma en que nos identificamos tiene que ser fluida y flexible, en lugar de rígida e inflexible. Tal como todo el mundo sobre el planeta, yo soy muchas cosas, pero ninguna de ellas me define.

Si somos obstinados e insistimos en una identidad sólida, entonces estamos bloqueando nuestro propio potencial para crecer y resistiéndonos al flujo continuo de la vida. El peligro añadido al vernos como una cosa sólida es que entonces veremos a los demás como una sola cosa también, lo cual pasa por alto todo lo demás que podrían ser.

Como ya sabes, a menudo me inspiro en citas empoderantes que hermosamente encapsulan una gran idea en algo breve y fácil de digerir. Por lo que a mí respecta, el mensajero es irrelevante; el mensaje es el que tiene poder. Pero una y otra vez, cuando cito a la Madre Teresa, por ejemplo, la gente critica mi decisión a causa de algunas cosas terribles que ella pudo o no pudo haber hecho, como si cualquiera de esas cosas anulara el maravilloso trabajo que realizó en el mundo.

El propósito de contemplar continuamente nuestra respuesta a la pregunta: "¿Quién soy?" es mantener la mente abierta a TODAS las cosas que somos. Sólo entonces dejaremos de lado la prisa por etiquetar a los demás.

El hecho de que aún me quede un largo camino por recorrer no disminuye el valor de lo lejos que he llegado. A todos nos han mentido, traicionado, sobrecargado de trabajo, pagado mal, perjudicado, malentendido y menospreciado, pero aquí seguimos. No estamos destrozados. Nos pueden volver a dañar y seguiremos adelante, siempre y cuando no nos identifiquemos como víctimas.

Nada nos ha pasado A nosotros, todo sucede PARA nosotros (para que aprendamos, crezcamos y, lo más importante, avancemos).

Ojalá que nunca critiquemos lo que ni siquiera nos hemos esforzado por comprender, porque una vez que lo comprendemos, no queda nada que criticar. ¡Te doy permiso para que me cites textualmente!

— 20 —

SALTO AL ABISMO

Cierto año, un 22 de abril, para celebrar el Día de la Tierra, fui a mi lugar preferido para surfear en Oahu a fin de presentar mi respeto a una de las obras más magníficas de la Madre Naturaleza: el mar. Las olas eran más grandes de lo que habían sido en mucho tiempo y no veía la hora para zambullirme y dejarme envolver en su abrazo. Es poderosa, impredecible, inmensa, fuerte e impone respeto. Fui tonto, irresponsable, engreído y prácticamente estaba pidiendo una llamada de atención... y déjame decirte: ¡ella me puso en mi lugar!

El que me zarandeara entre sus olas no era un problema; lo disfrutaba muchísimo, de hecho, y nunca era suficiente. Sin embargo, volver a subir por el acantilado era un poco desafiante, sobre todo con las olas tan grandes como las de ese día (muchos mueren o se lastiman seriamente tratando de salir).

Sólo cuando iba a la mitad de la montaña, me di cuenta de que no había posibilidad de que llegara a la cima antes de que la próxima ola rompiera contra el arrecife. En otras ocasiones, cuando esto sucedía, siempre me las arreglaba para empujarme desde las rocas y regresar al agua para luego tratar de escalar de nuevo porque tenía el tiempo suficiente, pero ese día la ola no sólo llegó más rápido de lo que esperaba, sino que también era más grande que las anteriores.

Aferrado a un costado del acantilado, con la cima todavía a un metro sobre mí y el agua retirándose rápidamente (uno, dos y ahora cuatro metros por debajo de mí), no tenía tiempo para escalar ni para empujarme lo suficientemente lejos de la pared para caer en el agua. Sabiendo lo que estaba a punto de suceder, mi mente procesó a una velocidad increíble la información acumulada a través de toda una vida. Era como un programa de computadora corriendo una secuencia de comandos más rápido que cualquier cosa inventada hasta entonces, y la solución a mi dilema apareció ante mis ojos en letras rojas, grandes y gruesas. Como los números en un reloj digital, destellaba con gran urgencia y emitía un zumbido similar al de una alarma, y lo único que decía era: "SUÉLTATE."

Cerré los ojos, me solté y caí en la siguiente ola como muñeco de trapo. El oleaje me levantó de inmediato, me estrelló con la montaña y me arrastró contra el arrecife. Se sentía como estar dentro de una lavadora forrada con cuchillas de afeitar. Me daba vueltas, me hacía rodar y me sacudía sin que yo pudiera tener ni la menor idea de dónde estaba arriba o abajo. Un minuto estaba perdido entre la espuma, con un rugido ensordecedor como trueno, y al próximo, sumergido profundamente bajo la superficie. Todos los sonidos se apagaban en una gran confusión y el agua de mar ardía en mis ojos mientras buscaba algún punto de referencia para reorientarme.

Los beneficios de la meditación no son necesariamente visibles todos los días durante nuestros treinta minutos sentados sobre

Fe Sin Religión

un cojín (a pesar de lo placenteros que puedan ser), pero se hacen evidentes después, cuando necesitamos mantener nuestras mentes enfocadas, claras y tranquilas, a pesar de todos los estímulos externos. Por ejemplo, si tu nariz te pica mientras estás sentado, no te rascas; sólo observas y te das cuenta: mi nariz me pica... interesante. Si sientes que tu pie se está entumiendo, no lo mueves ni lo masajeas; sólo observas y te das cuenta: mi pie está entumido... interesante. La intención es introducir un espacio entre el impulso y la acción. Y si lo podemos hacer en la meditación, estaremos mejor equipados para hacerlo en las situaciones de la vida real que requieren una perspectiva calmada y serena (¿y qué situación no requiere eso?).

Mientras la ola seguía estrellándome con la pared, mi conciencia me narraba la experiencia que estaba teniendo lugar: acabo de fracturarme la pierna contra la piedra... interesante. El arrecife me acaba de abrir una herida a lo ancho de mi espalda... interesante. Necesito tomar aire, pero no puedo hacerlo porque, si lo hago, tragaré agua de mar y es así como se ahoga la gente. Oh... ahogamiento... eso es lo que está sucediendo... me estoy ahogando. Eso es interesante... nunca he hecho eso, vamos a ver cómo es.

La narración era extrañamente calmada. Sentía como si estuviera viendo este incidente en la tele, sucediéndole a otra persona que está por morir. Lo observaba con curiosidad, sin juicio. Fue surrealista. En cuanto solté mis manos del acantilado y caí al agua, me entregué por completo al momento. Tal como en la meditación, no me resistí, rechacé ni peleé con lo que estaba sucediendo. Me mantuve calmado y observador; fue fantástico.

Timber Hawkeye

Cuando parecía que no tenían fin todas esas sacudidas y vueltas, concluí que éste era el momento definitivo al que todos estamos atados, pero no caí en pánico; en verdad, sentía curiosidad sobre cómo sería la muerte. Después de todo, tampoco he hecho eso y sería interesante experimentar de qué se trataba todo ese alboroto.

Justo cuando me entregué por completo a ese momento, mi cabeza sobresalió del agua como una boya y vi a dos surfistas mirando sorprendidos ante mi súbita aparición. Grité: "¡Necesito una tabla!" y me subieron a la de ellos. De inmediato, se dieron cuenta de que estaba tasajeado, goteando sangre, con un hueso salido de mi pierna, pero sonreía como hace la gente cuando termina el paseo por la montaña rusa. ¡No podía creer que había sobrevivido!

Los surfistas me cargaron para sacarme y corrieron colina arriba para buscar a mi amigo y su camioneta. Un vecino cercano vio lo que había sucedido y de inmediato salió de su casa para enjuagarme con una manguera. Mi amigo le pidió instrucciones para llegar al hospital más cercano y luego me subió en la parte trasera de su camioneta. Mi carne estaba suelta y la sangre chorreaba por todas partes, así que tenía sentido mantenerme fuera de la cabina. Me llevó a lo que creíamos que era el hospital más cercano y entró corriendo para traer una silla de ruedas, me sentó en ella y me empujó hasta la sala de espera de lo que en realidad era una clínica de pediatría. ¡Había niños POR TODAS PARTES!

Las enfermeras saltaron de inmediato para tomar acción y abrieron una puerta para que mi amigo me empujara hasta el fondo lo más rápido posible, de manera que nadie más tuviera que seguirme

FE SIN RELIGIÓN

viendo en esa condición. Si hubo un momento de todo el incidente durante el cual sí entré en pánico, fue éste. Los adultos en la sala de espera apartaban la mirada o hacían una mueca de dolor si me veían por más tiempo, pero justo antes de pasar por la puerta, hice contacto visual con una niña pequeña, tal vez de cuatro o cinco años, que estaba sentada sobre las piernas de su mamá, y ella sencillamente movió su mano en un saludo y dijo: "¡¡¡Hola!!!"

Ese instante me calmó enseguida. Para esa pequeña, yo sólo era otro niño con un rasponcito que necesitaba ser atendido por el médico. No había nada de juicio en su saludo y yo sólo le sonreí en respuesta, levanté mi mano ensangrentada y le dije: "¡Hola!"

El médico dijo que no contaban con el equipo necesario para atenderme en esa clínica, pero que podían limpiarme para que después me transportaran a un verdadero hospital, donde pudiera recibir mejores cuidados. Me preguntó por qué estaba de tan buen humor y yo sólo le sonreí y dije: "¡¿En serio?! ¡Estoy vivo!"

La enfermera limpió mis heridas y se disculpó profusamente por estarme causando dolor; lo único que yo podía hacer era sonreír y decir: "No pasa nada. Esto [apuntando a mi cuerpo] es temporal; ¡usted está haciendo un gran trabajo!"

En el hospital al que me transfirieron después, una enfermera llamada Nikki cambiaba mis vendas todos los días y, dado que yo no podría usar ni mis manos ni mis pies por un largo periodo, tuve mucho tiempo para meditar y pensar en el incidente.

Había una lección importante que aprender de esa experiencia, e iba a averiguar cuál era.

El año en que esto sucedió, todavía me vestía con las túnicas monásticas. Mi epifanía fue que era una tontería de mi parte que pensara que la túnica (en sentido figurado) podía "quitarse" cuando resultaba incómodo usarla y luego volvérmela a poner cuando estuviera listo. Las túnicas jamás se deben quitar (de nuevo, en sentido figurado), ya que representan mis votos, que nunca se deben de tomar a la ligera ni se pueden tratar como si fueran un trabajo de medio tiempo. Esto era un compromiso para estar al servicio de los otros de tiempo completo, así que necesitaba dejar atrás mis días de saltar de acantilados y ser amante de la adrenalina.

Después de mi epifanía, Nikki entró para cambiarme las vendas de la misma forma que había hecho todos los días y ambos quedamos impactados al darnos cuenta de que no había ningún rastro de sangre ni costras de las heridas recientes. Todas mis lesiones habían sanado por completo, como si jamás hubieran existido o, en el caso de la hermosa cicatriz a lo ancho de mi espalda, como si hubieran ocurrido mucho tiempo atrás.

Ahora que no le temo a la muerte, estoy más intrigado que asustado. Eso sí, no tan intrigado como para andarla buscando, claro, pero lo suficiente para estar emocionado por el día en que habrá de llegar.

Pienso que Dan Millman lo explicó mejor cuando dijo: "La muerte es una transformación. Es un poco más radical que la pubertad, pero no tanto como para estar particularmente molesto al respecto""

— 21 —

LISTO

La gente casi nunca habla de la muerte y, cuando lo hace, siempre es con una gran incomodidad. El misterio de la muerte me intriga más de lo que me asusta, así que siempre abordo el tema con gran curiosidad.

A riesgo de sonar insensible de nuevo, lo que me desconcierta es que, al recibir noticias de una muerte, la reacción de las personas es casi siempre de conmoción. Es la única cosa en el mundo que sabemos con certeza que va a suceder, pero, aun así, rara vez estamos preparados para ella. Y una de las razones por las que no estamos preparados es porque evitamos pensar o hablar al respecto a toda costa.

Cuando un miembro de la familia lucha contra una enfermedad por muchos años y el resto de la familia hace las paces con la muerte inminente de su ser querido, ya no es tan traumático para ellos. De hecho, a menudo admiten experimentar una sensación de alivio y considero que se debe a que se han estado preparando para ello durante mucho tiempo. Entonces, ¿qué nos impide hacer lo mismo? Todos tenemos una enfermedad terminal llamada vida, y es bastante tonto fingir lo contrario.

Timber Hawkeye

Hace unos años me estaba quedando en casa de mi mejor amiga para ayudarla a vender todas sus pertenencias en línea, a fin de que pudiera poner su casa en venta y viajar por un tiempo. Ella siempre ha sido un poco hipocondriaca (siempre padece de algo y siempre existe algún nuevo método holístico para sanarla), y todos sus amigos y familia simplemente hemos llegado a aceptarlo.

Ella vivía con una rutina muy estricta y rígida. Se despertaba a la misma hora todos los días, se tomaba dos vasos de agua con su dosis matutina de vitaminas diarias, y luego se iba a su clase diaria de yoga caliente.

Mientras me estaba quedando con ella, yo dormía en el desván del segundo piso, así que siempre oía cuando abría el agua para lavarse los dientes al despertar, la gaveta de la cocina deslizándose cuando se tomaba sus vitaminas, la puerta de la entrada abriendo y cerrando cuando se iba de la casa, y el sonido de sus pasos desvaneciéndose lentamente mientras caminaba al estudio de yoga.

Una mañana, mientras seguía acostado sobre la cama viendo cómo el sol del amanecer proyectaba sombras crecientes a través de la habitación, tuve la sensación de que algo era diferente. Era la hora en la cual mi amiga por lo general empezaba su rutina matutina, pero no podía oír ninguno de los sonidos habituales procedentes del primer piso. Una hora más tarde, todavía no había movimiento abajo, así que mentalmente repasé todas las posibles situaciones hipotéticas por las que esta mañana se estaba desenvolviendo de manera distinta a las previas. No soy pesimista, así que no contemplé de inmediato la idea de que ella hubiera muerto durante la noche; primero, consideré otras explicaciones por el silencio inusual de esa mañana. Pero luego sí pensé en la posibilidad de que SÍ hubiera muerto durante la noche. ¿Qué debía hacer yo?

Me incorporé sobre la cama, cerré mis ojos y mentalmente bajé por las escaleras para descubrir su cuerpo sin vida acostado sobre la cama. Revisé si estaba respirando y, cuando descubrí que no era así, salí tranquilamente de la habitación, llamé al 9-1-1 y les dije lo que había encontrado. Luego, llamé a su hermana para que ella le avisara al resto de la familia, y me empeñé en mantener la calma a través de todo esto. Sin duda, era fácil mantenerla porque sólo estaba imaginando, pero eso desencadenó una serie de experimentos similares que he estado haciendo desde entonces: me he preparado para recibir una llamada anunciando la muerte de mi papá, he imaginado un diagnóstico de cáncer de mi médico e incluso he seguido el consejo de Thich Nhat Hanh de acostarme muy quieto sobre el piso en postura de cadáver, para imaginar mi propio cuerpo en la tierra.

Por cierto, mi amiga se había quedado dormida porque le había costado conciliar el sueño la noche anterior. Estaba bien.

Claro está, ninguno de mis experimentos se realizó con una pasión morbosa; los hice para eliminar la posibilidad de que me tomaran desprevenido, de quedarme conmocionado o de mostrarme reactivo emocionalmente cuando, por ejemplo, me llegara la noticia real de la muerte de mi padre, y para hacer las paces con mi propia mortalidad.

Mientras escribo esto, entiendo que, a pesar de mis intenciones de no sonar morboso, es difícil evitarlo. Por definición, "morboso" quiere decir "un interés poco saludable por sucesos perturbadores y desagradables, como la muerte." Pero lo que yo sugiero es tener un interés saludable (si eso tiene sentido).

Supongo que Mark Twain tuvo razón. "El temor a la muerte resulta del temor a la vida. El hombre que vive su vida a plenitud está preparado para morir en cualquier momento."

Si no sanas lo que te ha lastimado,

terminarás sangrando

sobre personas que no te dañaron.

— 22 —

DECISIONES

Cada decisión que tomamos a lo largo del día hace que nuestra próxima decisión sea más difícil (a esto se le llama Fatiga de Decisión). Y aunque la mayoría nos quejamos de que nuestras vidas son demasiado estresantes y complicadas, no comprendemos del todo nuestra responsabilidad personal en que sea así.

Después de imaginar mi vida como una pista de obstáculos (con sus inherentes montañas por escalar, pilas de lodo por atravesar y ejercicios de fuerza y de resistencia por superar), me hice dos preguntas: ¿estoy añadiendo inconscientemente retos innecesarios a un diseño ya de por sí complejo? ¿Existe alguna manera para simplificar el proceso?

¿Alguna vez te has quedado mirando el extenso menú de un restaurante, abrumado por la abundancia de opciones? ¿O te has parado frente a un closet lleno de ropa sintiendo que no tienes nada que ponerte? Eso se debe a que es más fácil tomar decisiones cuando existen menos opciones de donde escoger. Como minimalista, soy un gran fan de tomar una sola decisión que tome todas mis futuras decisiones por mí (siempre y cuando tenga sentido, por supuesto).

Por ejemplo: preparar el mismo desayuno nutritivo cada día elimina el que me preocupe sobre qué voy a comer cada mañana. Y al rasurarme la cabeza una vez por semana, eliminé el tener que preocuparme por cómo me veo (por no hablar del tiempo y dinero que ahorro en cortes de cabello y productos). La simplicidad de sólo tener un par de pantalones de mezclilla y cinco camisetas grises es liberadora. Y al tomar la única decisión de evitar comer cualquier cosa frita o derivada de animal, he eliminado la posibilidad de alguna vez encontrarme dividido por tener demasiadas opciones sobre dónde o qué comer.

Algunas personas piensan que lo que hago es absurdo, pero eso es porque hemos sido sistemáticamente programados para tener un closet lleno de ropa, por ejemplo, y para que todos sigamos las mismas reglas. La mayoría de las personas siguen el juego porque les importa lo que otros piensen de ellos, pero la aprobación de otros no es deseable ni necesaria, al menos para mí. Lo que otros piensan de mí no es asunto mío.

Este estilo de vida está diseñado no sólo para evitar la Fatiga de Decisión, sino también para asegurar nuestro progreso continuo en un camino que nosotros mismos hayamos elegido, a pesar de las inevitables tentaciones que nos llevarían a desviarnos. De la misma forma que he fabricado un vestuario y un peinado sencillos, también he escrito mis valores fundamentales para usarlos como brújula moral en cada situación. Jamás me siento dividido sobre si está bien matar (sea una araña o un vecino), porque he tomado un voto general de no contribuir a la destrucción de vida (por lo menos, en la medida de mis posibilidades). No existen dilemas éticos o retos morales sobre cómo debo portarme en alguna situación determinada, porque además de tomarme el tiempo para escribir mis valores fundamentales, también escribí un párrafo describiendo el tipo de persona que quiero ser: amable, paciente, generoso, indulgente, tolerante, calmado, sereno, etc. No tengo que seguir tomando una decisión en cuanto a si debo o no perdonar a esta persona o a aquella, por ejemplo, porque ya decidí que quiero ser el tipo de persona que perdona a quien sea por cualquier cosa. Y cuando vivimos alineados con nuestros valores, siguiendo el amor en lugar del temor, y la fe en lugar de la duda, eliminamos el potencial conflicto interno y aseguramos la paz interior. Como dijo Gandhi: "La felicidad es cuando lo que piensas, lo que dices y lo que haces está alineado."

El poder detrás de este ejercicio es que nos invita a vivir a la altura de nuestro más alto potencial. Funciona mejor que tratar de vivir a la altura de las normas que otros han establecido para nosotros, porque, por lo general, no nos gusta que otros nos digan qué hacer. De hecho, cuando otros dictan una serie de reglas que debemos seguir (sean los Diez Mandamientos o la constitución), tendemos a buscar formas de romper las reglas, en lugar de seguirlas.

Yo propongo que cada uno escriba sus propios valores, además de un párrafo que describa el tipo de persona que quiere ser, y luego haga una referencia cruzada con el tipo de persona que es actualmente. Al instante, verás en qué tienes que trabajar.

A menudo, digo: "No son tus creencias las que te hacen una mejor persona, sino tu comportamiento," lo cual confunde a algunos, porque piensan que nuestro comportamiento es una consecuencia de nuestras creencias, pero no siempre es el caso; tal vez creas, por ejemplo, que mentir está mal y, aun así, mientas todo el tiempo. Pienso que necesitamos cerrar la brecha entre lo que creemos y cómo actuamos en el mundo.

Todo esto de lo que he estado hablando está conectado a todo lo demás: soltar el apartamento y el carro deportivo hizo más fácil que soltara mi apego a mi imagen y estatus, lo cual llevó a que soltar inseguridades, temores y la ridícula necesidad de ser aceptado por otros no sólo fuera posible, sino fácil. Así que, cuando hablo de soltar religión para abrazar a Dios, no sugiero que abandonemos nuestra responsabilidad moral ni nuestra rendición de cuentas, sino que nos enfoquemos en ser como Cristo en lugar de cristianos, o como Buda en lugar de budistas.

Sólo imagina lo liberador que sería soltar la ira, el resentimiento, la envidia, el orgullo y tu temor a la muerte. Mejor aún, imagina soltar todo lo que ya no te sirve. Ahora imagina abrazar el misterio, soltar tu necesidad de saber, y tener fe sin religión: aceptando de buen corazón todo bajo el sol y celebrando con gozo todos los momentos de la vida, sin juzgar.

En cuanto pierdes la tendencia habitual de etiquetar cualquier cosa como "buena" o "mala," serás totalmente libre para desplegar tus alas como la imagen en la portada de este libro y volar sin restricciones, sin ataduras, sin afiliaciones, sin inhibiciones. Como escribió Kris Kristofferson y cantó Janis Joplin: "Libertad es tan sólo otra palabra para decir 'no hay nada que perder'!"

— 23 —

PERMITIR

Tal parece que cada experiencia en mi vida me ha preparado para la siguiente (aunque en ese momento no lo supiera). Algunas de las habilidades que aprendí al trabajar en el despacho de abogados probaron ser útiles cuando, unos años más tarde, administré la galería de arte en línea, y las lecciones aprendidas de relaciones previas han mejorado considerablemente mis habilidades de comunicación en cada relación desde entonces. Por eso, no las considero "relaciones fallidas," sino exitosas; cada una cumplió un propósito importante.

Cada obstáculo, reto, dificultad y desamor ha enriquecido mi vida, en lugar de dañarla. Tal vez por eso tanta gente dice que aprender es un regalo, incluso cuando el dolor es tu maestro.

Hay una larga lista de cosas que yo no sé y justo encabezando esa lista está el hecho de que no sé si estaré vivo dentro de cinco minutos. Esto no me impide de hacer planes para ir de excursión con mi amiga Kim en unos meses o soñar con viajar de mochilero a través de Nueva Zelanda con mi amigo Zach en algún momento en el futuro, no porque yo sepa de alguna forma que esto sucederá, sino porque confío en que así será: tengo fe.

Algunas personas se alejan de la religión debido a una experiencia negativa en la iglesia, mientras que a otras el dogma de la aceptación condicional finalmente les afectó en lo más profundo. Para que la religión no se extinga, necesita evolucionar rápidamente de ser exclusiva a ser inclusiva. Pero, como hemos descubierto, no necesitamos religión para ser éticos o para tener una relación con Dios.

Existen algunas iglesias maravillosas realizando un gran trabajo en el mundo, aliviando el sufrimiento y ayudándonos en nuestros momentos de necesidad. Me entristece que muchas estén perdiendo credibilidad sin tener culpa alguna. Es lamentable que las buenas organizaciones religiosas, con sus puertas abiertas a todos, se vean mancilladas por los extremistas y fundamentalistas que siguen predicando el juicio y el odio. Al igual que el niño que gritaba "¡Lobo!" la religión nos ha dado demasiadas predicciones falsas y, dado que tantas guerras han empezado en el nombre de la religión, ahora la palabra "religioso" es en cierto modo un término despectivo.

Por fortuna, es muy posible tener una relación personal con Dios sin ninguna afiliación religiosa y sin alguna asociación con una iglesia o secta específica. No sé tú, pero ¡mi Dios ama a todos!

Mi fe es sencilla y libre de doctrina. No es un producto de investigación científica, una visión o la intuición; es el resultado directo de múltiples experiencias personales en las que todo lo que sucedió en el pasado tuvo una razón que, en ese momento,

FE SIN RELIGIÓN

tan sólo estaba más allá de mi comprensión. Pienso que Jill Bolte Taylor lo dijo mejor: "Mi espiritualidad es un proceso intelectual."

No estoy diciendo que alguna entidad o deidad estableció un camino predeterminado para que yo lo siguiera, ni que las cosas están "escritas en las estrellas." Sencillamente, estoy a gusto admitiendo que no sé por qué ciertas cosas suceden o por qué no. La libertad derivada de soltar esa necesidad compulsiva de saber es la dicha pura. No es ignorancia (lo cual es una falta de conocimiento alcanzable), sino fe: aceptación pura de que algunas cosas no se pueden saber.

No me estreso si hay tráfico pesado en mi camino al pueblo o si me tomé la salida equivocada, si se me acabó la gasolina o si me veo involucrado en un pequeño accidente de carros. Eso no es porque crea que alguna fuerza poderosa del universo causó que estas cosas sucedieran para poder salvarme de un accidente mortal que tal vez me habría ocurrido si hubiera salido de mi casa cinco minutos más temprano o tomado mi ruta habitual. ¡Tan sólo sé que estresarme por ello no resuelve nada! Confío en que, al igual que todo en el pasado ha beneficiado a mi presente, cualquier experiencia es aparentemente necesaria para mí, porque es muy probable que me beneficie en el futuro. No es necesario que entienda por qué. Sencillamente, tengo fe.

Y entonces, cuando siento ansiedad o tensión sobre algo que está a punto de suceder, el mantra que me repito en voz baja es: "Permítelo."

Y cuando me hiper-concentro en la violencia en el mundo, la injusticia, la crueldad o aquello que considero "injusto" desde mi limitado punto de vista, el mantra que me repito en voz baja es: "Quita el Zoom."

Si mis puños están apretados o mi quijada tensa, sé que es porque estoy aferrándome a una idea con rigidez y superioridad moral, así que el mantra que me repito en voz baja es: "Suéltalo."

Yo no pienso que Dios esté "ahí fuera," en algún lugar, esperando para juzgar qué tan bien o mal vivimos nuestras vidas. Yo creo que Dios vive dentro de cada uno de nosotros, y que cuando les servimos a los otros, damos, perdonamos, aceptamos, permitimos, quitamos el zoom, soltamos y los tratamos con amabilidad, generosidad, gratitud, compasión y empatía, estamos actuando desde nuestro ser divino en el interior de nuestros corazones, la bondad interna, que se siente como el paraíso aquí en la tierra.

También dentro de cada uno, sentado justo al lado de Dios, está nuestro precioso y odioso pequeño ego. Y cada pensamiento, palabra o acción egoísta, cruel, codicioso, desconsiderado, superficial, hiriente, pretencioso, despiadado y desagradecido se origina de ese ego. Tratar de servirle al ego o satisfacer sus deseos infinitos puede sentirse como el infierno justo aquí en la tierra.

Por eso, cada día despierto y digo: "Buen día" a ambos, tanto al Dios como al ego dentro de mí, y luego, tal como lo harías con un niño, me tomo unos minutos para explicarle al ego por qué, a pesar de haber escuchado todo lo que desea para él mismo, voy a seguir al Dios dentro de mí. Al principio, mi ego solía hacer un berrinche y se enojaba, pero ya ha terminado por acostumbrarse. Desanimado, sólo se sienta ahí, a la espera de una oportunidad para saltar, pero me doy cuenta de que no tiene esa posibilidad mientras yo mantenga mi enfoque en Dios.

Sé que esto es sólo una historia que me cuento a mí mismo porque enriquece mi vida y la de todos a mi alrededor. Pero ¿cuál es la alternativa? ¿Contarme una historia que me llene de temor, vergüenza o arrepentimiento? No, gracias; me gusta mi realidad. Tal como dijo Albert Einstein: "La realidad es tan sólo una ilusión, aunque una muy persistente." Entonces, ¿por qué no escoger vivir en una realidad que es positiva e inspiradora?

Ya hemos descubierto que lo que sucede en nuestras mentes impacta nuestras vidas muchísimo más que cualquier otra cosa, y si nuestras mentes son capaces de ver la belleza en todo y en todos en el mundo, ¿por qué no hacerlo?

Como dijo Mahatma Gandhi: "Si no ves a Dios en la siguiente persona que ves, no necesitas seguir buscando."

Gracias por caminar a mi lado a través de este viaje. Te lo agradezco más de lo que puedas imaginar.

Tu hermano que Tiene Fe Sin Religión,
Timber Hawkeye.

También de Timber Hawkeye en Español y Inglés:

CAMPO DE ENTRENAMIENTO BUDISTA

Cuando dejé el mundo corporativo y me mudé a Hawái, empecé a enviar cada mes una breve carta por correo electrónico a mis amigos y familiars, para contarles cómo iba mi vida. Ocho años después, mi amiga Kim me sugirió que compartiera esas cartas en un blog (simplemente porque las encontraba inspiradoras y pensó que otras personas también podrían beneficiarse al leerlas). ¡y resultó que Kim tenía razón! El blog se convirtió en un libro, y muchas personas encontraron en esos capítulos un mensaje sencillo, refrescante, inspirador y transformador. Hasta ahora, el libro está disponible en inglés, español, francés, alemán, neerlandés, checo, chino y polaco. Es un libro, un pódcast y un estilo de vida. Somos Soldados de Paz en el Ejército del Amor..

También de Timber Hawkeye en Inglés:

LO OPUESTO DE NAMASTÉ

La atención plena no hace que los demás sean menos irritantes, sólo nos vuelve menos irritables. Entiendo por qué haces lo que haces, porque el ego en mí reconoce al ego en ti. Cada capítulo es un episodio del pódcast Buddhist Boot Camp, que ofrece alimento para el pensamiento sobre los beneficios de reconocer —sin juicio— tanto el ego como la divinidad que habita en todos nosotros. No se trata de vivir en una burbuja donde nadie presione tus botones, sino de llegar al punto en que ya no tengas botones que puedan ser presionados.

Las cosas pasan (Sit Happens) en BuddhistBootCamp.com

Si disfrutaste este libro, compártelo con tus amigos.
Suscríbete para recibir un correo mensual de
Timber en BuddhistBootCamp.com/email

Únete a nuestra comunidad en línea en
Facebook e Instagram
@BuddhistBootCamp

Suscríbete gratis al pódcast Buddhist Boot Camp
en tu plataforma favorita.

www.ingramcontent.com/pod-product-compliance
Lightning Source LLC
Chambersburg PA
CBHW060528080526
44586CB00012B/664